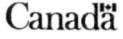

Éditions Prise de parole
C.P. 550, Sudbury (Ontario)
Canada P3E 4R2
www.prisedeparole.ca

Nous reconnaissons l'aide financière du gouvernement du Canada par l'entremise du Fonds du livre du Canada (FLC) et du programme Développement des communautés de langue officielle de Patrimoine canadien, ainsi que du Conseil des Arts du Canada, pour nos activités d'édition. La maison d'édition remercie le Conseil des Arts de l'Ontario et la Ville du Grand Sudbury de leur appui financier.

(12) abécédaires

12 x 26 = 312

Du même auteur

Poésie

Mourir à Scoudouc, Moncton, Éditions Perce-Neige, 2017 [Éditions d'Acadie, 1974].
Autoportrait (douze volumes), Sudbury, Éditions Prise de parole, 2014.
Solstices, Sudbury, Éditions Prise de parole, 2009.
Béatitudes, Sudbury, Éditions Prise de parole, 2007, prix Champlain.
Conversations, Sudbury, Éditions Prise de parole, « BCF », 2006 [1999], prix du Gouverneur général.
Parcours, Moncton, Éditions Perce-Neige, 2005.
Répertoire, Trois-Rivières, Écrits des Forges / Chaillé-sous-les-Ormeaux (France), Le dé bleu, 2003.
L'oiseau tatoué, Montréal, La courte échelle, 2003.
Émergences (réédition de *Mourir à Scoudouc* et *Rapport sur l'état de mes illusions*), Ottawa, Éditions L'Interligne, « BCF », 2003 [1974] [1976].
Légendes, Québec, Éditions J'ai vu, 2000.
Actions, Montréal, Éditions Trait d'union, 2000.
Brunante, Montréal, Éditions XYZ, 2000, prix Éloizes.
Climats, Moncton, Éditions d'Acadie, 1996.
Miniatures, Moncton, Éditions Perce-Neige, 1995, prix de poésie des Terrasses Saint-Sulpice / Estuaire.
Vermeer, Moncton, Éditions Perce-Neige / Trois-Rivières, Écrits des Forges, 1992.
Existences, Moncton, Éditions Perce-Neige / Trois-Rivières, Écrits des Forges, 1991.
Vous, Moncton, Éditions d'Acadie, 1991, prix France-Acadie.
Prophéties, Moncton, Éditions Michel Henry, 1986.
Rapport sur l'état de mes illusions, Moncton, Éditions d'Acadie, 1976.

Théâtre

Laurie ou la vie de galerie, Sudbury, Éditions Prise de parole, 2013 [2001].
Pierre, Hélène & Michael suivi de *Cap Enragé*, Sudbury, Éditions Prise de parole, 2012.
Avec Louis-Dominique Lavigne, *Le cœur de la tempête*, Sudbury, Éditions Prise de parole, 2011.
Le Christ est apparu au Gun Club, Sudbury, Éditions Prise de parole, 2005.
Aliénor, Moncton, Éditions d'Acadie, 1998.
L'exil d'Alexa, Moncton, Éditions Perce-Neige, 1993.

En collaboration

L'événement Rimbaud, avec Gérald Leblanc et Claude Beausoleil, poésie, Moncton, Éditions Perce-Neige / Trois-Rivières, Écrits des Forges, 1991.
Le tapis de Grand-Pré, avec Réjean Aucoin et Jean-Claude Tremblay, illustrateur, Éditions pédagogiques de la Nouvelle-Écosse, 1986, prix France-Acadie.
L'antilivre, avec Jacques Savoie et Gilles Savoie, illustrateur, Moncton, Éditions de l'étoile magannée, 1972.

HERMÉNÉGILDE CHIASSON

(12) abécédaires
12 x 26 = 312

Éditions Prise de parole
Sudbury 2017

Œuvre en première de couverture : Herménégilde Chiasson, *Eldorado*, huile sur masonite, 2014.
Conception de la première de couverture : Olivier Lasser, d'après une idée d'Herménégilde Chiasson.
Accompagnement : Stéphane Cormier
Révision linguistique : Eva Lavergne, denise truax
Correction d'épreuves : Chloé Leduc-Bélanger
Mise en page : Alain Mayotte

Diffusion au Canada : Dimedia

Catalogage avant publication de Bibliothèque et Archives Canada

Chiasson, Herménégilde, 1946-, auteur
(12) abécédaires / Herménégilde Chiasson.
Essais.
Publié en formats imprimé(s) et électronique(s).
    ISBN 978-2-89423-993-3.–ISBN 978-2-89423-994-0 (pdf).–
    ISBN 978-2-89423-995-7 (epub)

I. Titre. II. Titre : Douze abécédaires.

PS8555.H465A728 2016   C844'.54   C2016-906104-3
                                               C2016-906105-1

ISBN 978-2-89423-993-3 (Papier)
ISBN 978-2-89423-994-0 (PDF)
ISBN 978-2-89423-995-7 (ePub)

Préface
Abécédaire des libraires

Québec, Musée national des beaux-arts
du Québec, 12 septembre 2016

A comme Abécédaire

Les abécédaires ont d'abord servi d'ouvrages pédagogiques destinés à nous enseigner le fonctionnement des lettres et leur position dans un certain ordre. Leur association avec des images en a souvent fait des albums de grande qualité. Au fil du temps, ils sont devenus des ouvrages dont la légèreté, l'inventivité et même la beauté nous charment et nous étonnent.

B comme Bilingue

Le mot *bilingue* revient sept fois. Il est en deuxième position, derrière le mot *Québec*, qui lui, revient neuf fois. Mais il faut dire aussi que la lettre B a quand même plus d'occurrences dans le dictionnaire que la lettre Q, ce qui expliquerait la fréquence du mot *Québec*, qui par ailleurs identifie cette lettre dans l'alphabet international.

C comme Contrainte

Je suis d'accord avec Paul Valéry quand il dit que l'art naît de contraintes et meurt d'une trop grande liberté. L'utilisation des vingt-six lettres de l'alphabet comme structure organisationnelle m'a fait réaliser à quel point la liberté est beaucoup plus facile.

D comme Deleuze

Non, je ne suis pas le seul à avoir recours à cette forme de l'abécédaire puisque le genre a aussi intéressé des penseurs aussi célèbres qu'Albert Jacquart ou, surtout, Gilles Deleuze, dont la pensée me rend toujours extrêmement modeste.

E comme Ellipse

L'abécédaire est une manière elliptique de traiter un sujet, une manière qui convient bien à notre époque pressée où le monde se comprime en capsules toujours plus succinctes. Éternel dilemme entre aller à contre-courant ou suivre le courant.

F comme Fragment

Peut-être à cause de la poésie, un genre que j'ai beaucoup pratiqué, j'ai tendance à favoriser une écriture de plus en plus fragmentée. Le problème avec ce type d'écriture, c'est qu'il faut s'arrêter quand on aurait envie de poursuivre ou en rajouter quand les idées nous font défaut.

G comme Grandiloquence

J'ai toujours associé la grandiloquence au discours religieux, dont nous partageons la lointaine arrogance. Un discours majoritaire qui ne tolère pas le compromis. Ce projet des abécédaires s'inscrit dans une sorte de regard minoritaire, le regard de celui qui observe le monde de biais et le « lit » dans les détails.

H COMME HISTOIRE

Je suis convaincu que ce sont les artistes qui sauvent le monde, au sens où ils lui donnent une mémoire. Mais cette *mémoire*, même si le mot est du genre féminin, se décline surtout dans le registre masculin. Que serait une histoire écrite au féminin ? Sans doute une chronique plus près du quotidien, qui restituerait l'odeur, la couleur et la saveur du temps qui passe, trois attributs éminemment féminins.

I COMME INVENTAIRE

J'ai une formation en art visuel, et ce n'est pas par accident que je suis devenu écrivain. Par sa faculté de révéler diverses facettes d'un sujet, je ne doute pas que l'abécédaire rejoint le concept de la série, qui, en arts visuels, selon mon ami Serge Murphy, se voudrait la « volonté d'épuiser une idée ».

J COMME JEU

Il est bien évident que dans la création d'un abécédaire entre toujours en jeu une dimension ludique, et c'est ce à quoi je me suis consciemment appliqué. Être surprenant, concis, précis et, si possible, divertissant.

K COMME *KEYNOTE SPEAKER*

Les anglophones désignent ainsi un certain type de conférencier, et j'ai souvent été appelé à être *keynote speaker*, à parler devant des auditoires mixtes, ce qui ajoute une contrainte supplémentaire pour rendre compte d'une situation linguistique liée à la ville, Moncton, à la province, le Nouveau-Brunswick, et au pays, le Canada, où j'habite. De concert avec les Éditions Prise de parole, nous avons voulu tenir compte de cette dimension du projet en publiant certains abécédaires qui intègrent, à plus ou moins grande échelle, des entrées en anglais.

L COMME LECTURE

Ce n'est pas à vous que je vais expliquer à quel point la lecture est en train de changer même si, comme l'écriture, elle demeure l'une des grandes forces structurantes de la pensée. Nos images se décomposent désormais en détails qui deviennent des abstractions quand on s'en approche de trop près, quand on s'y enfonce. Le texte, lui, se décompose en lettres tout aussi abstraites, d'où ma fascination visuelle pour cet élément atomique de la pensée.

M COMME MINIATURE

Un jour, on m'a demandé de parler d'un sujet dont je ne savais presque rien. Je me suis dit que je pourrais sans doute m'en tirer en tenant un discours d'une à deux minutes sur divers aspects du sujet, en le fractionnant pour produire des miniatures, des sortes de réflexions proches de la poésie. C'est de ce collage hétéroclite que sont nés plusieurs des abécédaires que voici.

N COMME NOTES

J'ai fait ma thèse de doctorat sur l'esthétique de la photographie américaine, qui demeure largement une manière de prendre des *snapshots*, des instantanés, des « notes en passant » [*Notations in Passing*], pour reprendre le très beau titre de Nathan Lyons, éminent photographe et penseur avec qui j'ai étudié. Souvent, je vois ces abécédaires comme des sortes d'instantanés littéraires.

O COMME ORALITÉ

La plupart de ces textes ont d'abord été livrés comme discours. En Acadie, où le phénomène littéraire date d'à peine cinquante ans, je fais partie de la génération qui a fait le passage de l'oral à l'écrit. Ce livre est une sorte d'hommage à ce phénomène.

P COMME PUBLIC

En termes de publication, j'ai toujours privilégié les textes liés à la poésie, mettant ainsi de côté une grande partie de mes autres écrits – théâtre,
essais ou interventions publiques –, dont font partie les abécédaires.
Avec le temps, il me semble que je deviens plus conciliant à l'égard de
cette partie de mon travail, d'où l'idée de commencer par une sélection
des abécédaires, un genre sans doute plus léger et moins revendicateur.

Q COMME QUÉBEC

C'est à Québec, en 1999, lors de la Rencontre québécoise internationale
des écrivains que j'ai livré mon premier abécédaire, qui portait sur l'enfance. Je trouvais que pour un écrivain, l'apprentissage des lettres durant
l'enfance constituait une matière inspirante, ardue et révélatrice de la vie
à venir.

R COMME RUPTURE

La rupture est un élément qui a profondément marqué la modernité en
raison d'une accélération sans précédent qui embrouille notre perception
et nous force à avoir recours à des formules de plus en plus compressées.
Il en résulte une manière de lire et de voir qui choque, mais avec laquelle
il est important de composer. Éternel dilemme entre s'adapter ou résister.

S COMME SUJET

Même si mes entrées se veulent le plus éclectique possible, je suis étonné
de voir à quel point la francophonie occupe une grande partie de ce projet, de même que l'éducation, l'histoire et la conscience du lieu où j'habite et qui m'habite : l'Acadie ou, à plus grande échelle, l'Atlantique, où
la présence maritime et océanique ne peut faire autrement que laisser son
empreinte.

T comme Trivial

Trivial rime avec *digital* – oui, je sais, ce sont des anglicismes, mais j'use ici de licence poétique pour montrer que les deux concepts semblent se compléter. La fragmentation atomique de la bulle informatique dans laquelle nous circulons n'a pas fini de s'agrandir, en une sorte de Big Bang dont nous ignorons s'il conduira à un Big Crunch. Toute résistance est futile et inutile ; il vaut mieux se résigner à une vie heureuse et fragmentée.

U comme Urgence

J'ai publié mon premier livre en 1974 et je fais partie d'une école qui a conçu la poésie comme fondée sur l'urgence de dire et porteuse d'un discours politique. La plupart de mes camarades se sont tus mais je continue d'écrire… d'écrire autre chose, cela va de soi, mais de convertir en une prose que je voudrais exacte des idées provenant de cette urgence lointaine.

V comme Variété

Variety is the spice of life, dicton anglais voulant que la variété soit l'assaisonnement même de la vie. C'est un peu l'esthétique recherchée dans ces fragments, qui tentent de démontrer que notre point de vue change selon les circonstances, d'où la répétition de certains mots : elle donne lieu à divers points de vue, selon l'auditoire et les circonstances. Pour reprendre le mot de Montaigne : « Le monde n'est que variété et dissemblances. »

W comme Web

Le Web, comme la télé, nous ont placés devant des réalités morcelées avec lesquelles nous essayons de faire du sens. Tout écrivain a un rôle à jouer dans cette démarche : il doit pervertir ces formes pour que le public puisse renouveler son regard, le rendre à nouveau critique et performant.

X COMME X

En algèbre, *X* représente l'inconnue. J'ai beaucoup appris en écrivant ces vignettes, qui m'ont obligé à faire des inventaires exhaustifs d'idées que je croyais connaître. On remarquera que les trois dernières lettres de l'alphabet ne sont pas les plus riches en mots d'inspiration. Souvent, on m'a dit qu'on attendait la fin pour voir comment j'allais aborder cette épreuve. L'inconnu(e) est toujours source de curiosité ou de tension, même dans un contexte aussi ludique et inoffensif que celui de l'abécédaire.

Y COMME YEUX

Au départ, j'avais pensé faire un livre d'art en utilisant le premier des alphabets, celui sur l'enfance, alliant ainsi le plaisir des idées et des lettres au plaisir des yeux et des images. Il semble que ce projet devra attendre, mais je n'abandonne pas : les textes du présent recueil posent des contraintes qu'il serait intéressant de voir sous un autre jour, avec d'autres yeux.

Z COMME ZAPPER

Nous avons tous souscrit à cette obsession qui consiste à surfer sur Internet ou à faire défiler en rafale les chaînes de télévision à la recherche de quelque point d'ancrage. Il m'a semblé que les abécédaires ressemblaient un peu à cette quête de sens qui consiste à entrevoir pour mieux percevoir, même si nous savons que cette quête est sans limite ni aboutissement.

Abécédaire « L'écrivain/e et l'enfance »

Rencontre québécoise internationale des écrivains, Montréal, été 1999

A COMME ACADIE

« Une enfance en Acadie » ou « une enfance acadienne ». Déjà, ce glissement du nom à l'adjectif devrait tout dire : il synthétise une absence, l'absence d'un lieu et la découverte plus ou moins assumée d'un malaise. Bien sûr, la dimension politique n'apparaît pas d'entrée de jeu. Elle se laisse faire, elle s'insinue dans un comportement que l'on remarque chez les adultes. Ce qui manque sans doute c'est la référence, cette notion des *autres enfances*, cette impossibilité de nommer les choses, de leur trouver un référent, une norme commune qui puisse les contenir. Mon enfance est amnésique au sens où l'identité n'intervient pas autrement que dans l'affirmation constante que nous sommes des « enfants de Dieu », que nous « formons une grande famille » coupable et souffrante puisque Dieu, notre Père à tous, exauce les enfants parce qu'ils ont le cœur pur, et que nous devons prier à nous en fendre l'âme – le reste viendra bien de lui-même. C'est à l'école, un vendredi après-midi, une école où s'entassaient dans une seule classe les élèves de la première à la cinquième année, que j'ai appris l'existence de l'Acadie, et l'impossibilité de faire un lien entre le drame du génocide et ces survivants que nous sommes et qu'on appelle Acadiens. Nous rentrions le soir avec nos livres sous le bras, criant des injures et mettant le feu un peu partout. C'est de cette enfance-là dont je me souviens, dont je tente de légitimer le dépourvu et de faire en sorte que la modernité advienne, conscient que la misère semble être devenue notre folklore obligé.

B comme Brunante

Nous jouons, c'est le soir. Quelqu'un crie de rentrer et le cri se répercute dans le décor. Alors nous terminons nos jeux improvisés. Nous enlevons nos patins et mettons nos bottes gelées pour rentrer sur la neige recouverte de verglas qui défonce sous nos pieds. Le soleil se couche dans la glace et il va bientôt faire nuit. Là-bas dans la noirceur, la chaleur nous rassure et le sommeil nous gagne à mesure que nous dégelons. Me revient en mémoire cette phrase de Kerouac : La rencontre du chaud et du froid fait un trou immense dans les souvenirs d'enfance.

C comme Cocteau

Mais oui, *les enfants terribles* : tôt ou tard il fallait bien en venir là, à ce pacte avec l'enfance de ne jamais en sortir, de circuler à tout jamais dans les eaux troubles des familles haïssables des *poètes de sept ans*, lorsque la mère corrigeant les devoirs s'aperçoit que les enfants partiront en Abyssinie. Famille carcérale qui, de Tennessee Williams à Michel Tremblay, va faire en sorte que les enfants restent atrophiés, qu'ils ne grandissent jamais autrement que déformés et blessés dans un univers de tristesse qui nous ressemble, le père humilié et les enfants qui « changent de lit », comme disait Prévert. La suite se transporte dans la grande famille collective, où nous imitons le comportement des grandes personnes, celles auxquelles nous aimerions tant ressembler et qui nous disent que nous n'avons qu'à quitter cette famille qui nous infantilise et nous rapetisse.

D COMME DIEU

Lorsque j'étais enfant, Dieu m'est apparu dans un rêve terrifiant. Il y avait beaucoup de vent et son visage sombre dominait une longue barbe noire qui se répandait dans l'embrasure de la fenêtre, d'où il me criait. Plus tard, sur un banc de neige, près d'un magasin général, j'ai vu un homme qui lui ressemblait. Il portait un crucifix à la hauteur de la ceinture. L'effet fut si terrifiant que je n'eus d'autre choix que de m'enfuir sur-le-champ. L'enfance comme espace à tout défaire. Et parfois je me demande si ce n'est pas le diable qui m'est apparu si souvent.

E COMME ENFANCE

Oui, d'accord, mais quelle enfance ? Et surtout, comment en parler autrement que dans le registre de la nostalgie proustienne, qui risque de nous entraîner dans la spirale du temps ? L'enfance comme phénomène ? De Françoise Dolto à Bruno Bettelheim, de Lacan et son miroir à Freud et son complexe, on dirait des contes pour enfants. Le monde du merveilleux. L'enfance du Petit Prince, la sagesse des enfants. Un jour, un enfant m'a demandé : « Quand on meurt, est-ce que c'est vrai qu'on peut toucher le bleu du ciel ? » C'est la plus belle définition de la mort que j'aie entendue. Le merveilleux, la poésie. Tous les enfants sont des poètes, proverbe connu. Oui, mais ça ne répond pas à la question. Peut-être ai-je oublié de faire mes devoirs, ou n'ai-je pas étudié assez longtemps. Ce silence interminable quand la question est posée et qu'il faut se lever devant les autres enfants et avouer son échec dans le monde du savoir où l'on commence à performer. Quelle enfance ?

Dehors il fait soleil et l'on sait que la liberté existe, quelque part, autrement qu'au bout de cette question piège.

F comme Féminin

Féminin singulier cela va de soi, quelque part quelqu'un s'est occupé de nous montrer qu'il s'agit d'ajouter un *e* et le tour est joué. C'est simple, c'est comme dans la bible, c'est comme le pluriel en *s*. Des petits trucs qui simplifient l'existence et allègent le quotidien. Ma mère me prend dans ses bras et je lui prends les seins. Je crois que ce sont des ailes, ses ailes à elle. Je le lui dis et elle éclate d'un rire qui la secoue tout entière. Quand la visite vient, elle raconte cette découverte que j'ai faite tout à fait par hasard. Je ne suis pas certain d'avoir vécu cet incident mais j'y crois, car après tout, comment aurais-je pu inventer à moi seul et tout enfant que j'étais, une histoire aussi invraisemblable ?

G comme Guerre

« Moi j'viens du boogie-woogie, du pape Pie XII, je suis un enfant de la guerre. » J'ai cité Jean-Pierre Ferland. En ce temps-là, nous étions nombreux à croire en la fin du monde. Elle devait arriver autour de 1960, date fatidique où le pape ouvrirait l'enveloppe contenant le secret de Fatima. Je me souviens encore de cet après-midi d'été où l'un de nos camarades avait calculé, gratuitement et sans se faire prier, l'âge exact où s'arrêterait notre courte et misérable vie. Je devais avoir quatorze ans et je me suis demandé ce que je pourrais bien faire pour vivre intensément les quelques sept ou huit ans qu'il me restait sur cette Terre. La guerre nous avait donné une peur commune sous la forme d'un champignon énorme qui, tôt ou tard, s'élèverait dans le ciel pour venger notre résistance à la mortification. L'idée de vivre serait-elle régie par un instinct commun transcendant la connaissance et la circulation des idées et qui prendrait son origine lointaine et nébuleuse dans l'enfance, cet âge perméable et expansif ? Sommes-nous des enfants de la guerre au sens où la guerre nous coule dans le moule d'une peur infantile et irraisonnable ?

H comme Handke

Le film *Les ailes du désir* de Wim Wenders débute par le gros plan d'un stylo écrivant en allemand ce merveilleux poème du scénariste Peter Handke :

> Lorsque l'enfant était enfant,
> il marchait les bras ballants,
> il voulait que le ruisseau soit rivière
> et la rivière, fleuve,
> que cette flaque soit la mer.
>
> Lorsque l'enfant était enfant
> il ne savait pas qu'il était enfant,
> tout pour lui avait une âme
> et toutes les âmes étaient une.
>
> Lorsque l'enfant était enfant,
> il n'avait pas d'opinion sur rien,
> il n'avait pas d'habitudes
> il s'asseyait souvent en tailleur,
> démarrait en courant
> avait une mèche rebelle
> et ne faisait pas de mines quand on le photographiait.

I comme Illettré

Je revois mon père qui ne savait pas lire. Il regardait les images et je me demandais de quelle couleur étaient les murs de sa prison. Une maison où il n'y avait pas de livres. Chacun perdu dans son silence, essayant de trouver une réponse autre que celle du commun des mortels. Les saisons se fondent l'une dans l'autre et je me souviens exactement du jour où j'ai appris à lire, me distançant d'une enfance tout en images, retrouvant la densité des choses, le poids des mots et cet ineffable besoin de transformer le monde à notre image et à notre ressemblance.

J comme Jeu

J'ai gardé de mon enfance la notion du travail comme jeu, ce qui me rend infatigable du moment que je joue. Du moment où je commence à travailler, c'est-à-dire à faire ce qui m'ennuie, je commence à fatiguer. J'ai connu autrefois une femme pour qui la vie se résumait à un jeu constant. Tout s'appelait jeu, ce qui donnait une couleur curieuse aux activités les plus banales. Évidemment, une telle notion, importée du monde de l'enfance, devient assez troublante et très agaçante pour qui prend la vie au sérieux, au point de n'en valoriser que la dimension adulte et éprouvante. Le reste étant vite relégué au rang des enfantillages.

K comme Kellogg

Les Corn Flakes, qui m'éloignèrent du gruau matinal et me plongèrent dans la modernité toute faite et instantanée... Désormais, il devenait impossible de faire des rigoles et que le lait se répande comme une rivière toute blanche entre les continents de céréales fumants qui surgissaient dans mon assiette. Désormais, les flocons se répandaient en multiples dérives. Il deviendrait vite impensable de développer un imaginaire visqueux de la chaleur, le monde moderne s'affirmerait à l'improviste, luisant de solitude et d'élégance. Nouveau et arrogant dans son goût, bouleversant dans son propos et séduisant dans son étrange promesse.

L COMME LIBÉRAL

Le village est divisé en deux et ceux qui l'habitent n'ont jamais eu de véritable pouvoir. Ils votent pour le même parti depuis le début des temps. Ils sont Libéraux. Les autres, les Conservateurs, sont considérés comme des impurs, des impies, des suppôts d'une force maléfique qui a juré de nous exterminer. Mon père est libéral. Les soirs d'élection, les gens se rassemblent en groupes et célèbrent la victoire en faisant brûler des pneus dans les entrées de cour de ceux qui ont « perdu leur vote ». Ils boivent, crient et deviennent violents. Les enfants aussi sont divisés en camps et les débats vont bon train. Nous sommes conscients qu'au tout début, Dieu a scindé le monde en deux et que nous sommes de son côté, contre les forces du mal. La vie s'organise autour de ces oppositions. Notre enfance s'agite. Nous nous crachons au visage, nous lançons des pierres, notre haine est ancestrale, nous ne trahirons pas, nous inventerons le suicide collectif et la vie nous exilera à jamais pour cette adhésion aux chimères des grandes personnes.

M comme Mort

Je me souviens du jour de juillet où je vis la mort pour la première fois. Je m'en souviens comme d'une mauvaise journée. Personne n'a eu le front ou le courage de me donner de ces explications oiseuses qu'on donne aux enfants, à l'effet que le défunt ne fait que dormir et qu'il va dormir encore longtemps. Non, c'était la mort. C'était ça. C'était bien elle. Il n'y avait rien à faire. Je devais en tirer mes propres conclusions. Dès lors, je savais que mon enfance était terminée. Je ne connaissais pas encore tous les visages qu'elle prendrait par la suite, ni les endroits où elle se déplacerait. J'avais simplement hâte qu'elle sorte de mon champ de vision. Monté au grenier, je regardais de très haut cette visiteuse qui venait d'entrer dans mon voisinage. J'en avais peur, une peur bleue, et je faisais de grands détours pour m'en éloigner. Il paraît que tout être humain se souvient comme d'un traumatisme du moment et du lieu où il a réalisé qu'un jour sa vie prendrait fin, que celle de ceux qu'il aime prendrait fin aussi. Cela prend place dans l'enfance et ce jour-là marque l'arrivée d'une immense et inconsolable détresse.

N comme Non

Non comme le refus. La modernité québécoise comme un refus global, comme l'enfant qui dit non. Dire oui est d'ailleurs un signe de faiblesse. Les Anglais désignent comme un *yes man* celui qui n'a pas d'opinion ou qui se laisse mener par autrui. Ça n'a rien à voir avec l'Alameda de Joyce. Dire non est vu comme un signe de force, celle des enfants quand ils s'obstinent, quand ils se fichent des conventions, des egos et de la bienséance, et qu'ils vont à contre-courant, qu'ils boudent, qu'ils s'enferment dans le refus, jurant qu'ils ne feront pas partie du monde des grands, qu'ils vont paralyser la machine et surtout qu'ils vont leur en montrer, qu'ils vont cesser d'imiter. Le monde est à eux. Leur refus est magistral, souverain et inaliénable.

O COMME OBSESSION

Une enfance obsédée, comme toutes les enfances, par des projets excessifs. Ces résistances qui surgissent on ne sait d'où et qui tiennent de l'animal dans leur instinct de dressage. Par exemple, l'obsession de compter et d'aligner les objets, les actions et les résistances : Combien de pas pour aller à l'église ; pour en revenir. De prêter une vie à ce qui n'en a pas : un dialogue entre mes deux souliers. De s'inventer des peurs : il y a quelqu'un qui cherche à me tuer en me lançant une pelle à neige dans le dos. De regarder les choses intensément, les fixant pour percer leur mystère : le bleu d'une table recouverte de métal. Obsessions si profondes qu'elles se prolongent jusqu'au présent, jusque dans l'avenir, cherchant leurs solutions dans la vieillesse où, selon l'expression et la crainte consacrées, nous n'emportons que les sensations vives et primaires de l'enfance, ses histoires répétées et ses obsessions lointaines.

P COMME PÈRE

Le registre du *P,* comme le disait Maria Antonietta Macciochi. Le *P* du pouvoir, du pénis, du père, du pape, du patriarche, de la police et de quoi encore. J'avais un père qui était comme mon grand-père. Il est décédé à quatre-vingt-quatorze ans, le jour de mon anniversaire, jour où j'ai eu exactement la moitié de cet âge-là, l'âge qu'il avait quand je suis venu au monde. Un étrange chassé-croisé mathématique entre ce père qui était plutôt mon grand-père et qui contenait tout mon lignage, mes grands-parents étant disparus bien avant ma naissance. Qu'est-ce qu'un père, cette figure crucifiée, dans nos sociétés catholiques, entre le permissible et le punitif ? D'autres *p,* celui qui protège ou celui qui punit, d'autres *p* encore. Dans le film *Paris, Texas* de Wim Wenders, la séquence où le personnage principal essaie de devenir un père en essayant des costumes. C'est quoi, être enfant ? L'enfance serait-elle le pendant malaisé d'une paternité à définir ? La séquence dans *Rebel Without a Cause,* quand Jim Stark (interprété par James Dean) prend son père à la gorge en lui criant « *Stand by me, father!* » L'enfance rebelle sans but précis et la paternité conformiste sans but précis non plus.

Q COMME QUÉBEC

Nous sommes brièvement dans l'alphabet international. Mon enfance a-t-elle été un signal de détresse ? Je sais que j'y ai vu arriver l'électricité, la radio et la télévision. L'hiver, nous ne chauffions qu'une partie de la maison. Je me souviens de ces nuits glaciales où je mettais mon manteau pour aller dans la partie froide écouter les émissions de télévision d'une station qui diffusait de la Gaspésie, en face de la Péninsule acadienne, où je suis né. Je ne connaissais pas l'Acadie, j'avais l'impression que Jean Lesage parlait pour nous tous. Puis vint l'indépendance et la séparation lente de l'enfance vers l'exclusion des adultes, un peu à la manière des tribus dont les colonisateurs découpent les territoires sans souci des frontières organiques qui les contiennent. Ainsi sommes-nous passés d'une enfance heureuse à celle de francophones hors Québec vagissant dans la périphérie. *No hard feelings*, comme disent les Anglais. Pas de « sentiments gras et visqueux », avait traduit Ducharme en bas de page dans *L'hiver de force*. Je pensais simplement en faire mention. Pour la forme.

R COMME RÉSISTANCE

Ma mère croyait que pour aller loin dans la vie, il fallait être son propre maître. Il fallait être autonome et tirer sa subsistance du territoire, et résister. Elle avait une phrase tampon qui revenait dans son discours comme une bombe : « Ça se passera pas comme ça. » Cette confiance, d'intervenir pour faire dévier l'avenir, lui donner une forme, une structure. Est-ce de cette enfance, de ce que j'y ai vu, des larmes qui sont le gage de la vérité que j'ai conclu qu'il fallait rester et, ajoutant quelques lettres au verbe, résister ? À quoi et pour qui ? Est-ce qu'il n'est pas plus salutaire de s'abandonner au courant pour retrouver dans la vie la dimension implicite des choses ? Ce serait la grande leçon de l'enfance si l'on pouvait en retrouver le plan, leçon dont les lignes s'estompent à mesure que la vie prend le dessus, nous forçant malgré nous à négocier, à nous rendre, à mentir.

S comme Silence

Les soirs où il fait nuit, je me souviens du silence de Saint-Simon, le village de mon enfance. Déjà, dans le nom, il y a le silence. L'accumulation des S et le M de la mort, de l'amour. C'est un peu pareil pour créer un mantra qui rappelle la mer toute proche et l'identité qu'elle nous donne, que les autres prendront pour de la faiblesse. Qui ne dit mot consent. Oui, oui, je sais tout ça pour toujours et pour longtemps, mais cette enfance où personne ne parle, ces hommes graves, l'église imprégnée de mystère, cette enfance où l'on apprend le silence de la mer et à se taire dans un renoncement zen puisque toute vie est souffrance... on ne la dira jamais assez. Surtout s'il faut grandir dans un monde où l'on ne comprend plus que ce silence-là n'a rien à voir avec le fait de se taire mais tout à voir avec un espace dont on hésite à briser la sérénité.

T comme Truffaut

L'enfant qui, au début des *Quatre cents coups,* s'obstine à faire son devoir en se maculant les mains et le papier de son cahier d'une encre dont il n'arrive pas à se défaire autrement qu'en déchirant les pages, il me fait penser à moi. Cette fascination dans l'observation des gestes de l'enfance, sans la compréhension des motifs profonds qui les inspirent. François Truffaut, chez qui l'enfance se veut l'expression manifeste du courage et de la cruauté, comme seuls les enfants savent les incarner à leur insu. Une œuvre qui a marqué toute une série de contes pour tous, où les enfants sont des survivants plutôt que les héros chargés de faire le bien, comme leur ont intimé les adultes. Les nouveaux enfants, ceux qui regardent les dessins animés japonais le samedi matin, à quoi se préparent-ils ? Sont-ils déjà en train de dicter aux adultes leurs préférences de marché ou s'inventent-ils des guerres virtuelles pour les cyborgs qui se feront tuer à leur place ?

U comme Univers

L'univers de l'enfance est peuplé de mythes et de fantasmes. Il est la recréation verticale d'une mythologie élémentaire que les adultes se chargeront de compliquer. Peut-être est-ce parce qu'ils sont si près de l'inconscient dont ils sont à peine sortis que les enfants aiment tant les histoires. Northrop Frye disait qu'il n'y a pas de pays sans histoire, et c'est cette fascination que les enfants n'ont pas oubliée. Des histoires qui font le lien entre la fatigue et le sommeil, entre le jour et la nuit. De quel univers étrange les enfants sont-ils les messagers et vers quel monde irréel se dirigent-ils ? Question clichée et question piège. Le monde est à refaire et il se refait grâce à eux, un peu grâce à nous, à chaque instant.

V comme Vie

La vie ne serait pas la vie s'il n'y avait pas l'enfance pour nous en faire le tracé, dans une sorte de fondu enchaîné allant de l'inconscience à la conscience. Les Babyloniens croyaient que le fait de nommer une chose suffisait à lui conférer une existence propre. Nous avons nommé la vie, nous avons nommé le temps. Nous avons nommé l'enfance et elle s'est mise à exister. Ce doit donc être vrai que nous avons été enfants puisqu'il y a un mot pour en désigner l'étendue et les contours plus ou moins flous, mais nous savons aussi que l'enfance n'a pas toujours existé, qu'elle est elle aussi une conception de l'esprit qui nous fait découper ainsi les âges de la vie. Dans le sillage de Rousseau, nous croyons à la nature bonne et morale de l'enfance, et nous croyons à l'idée qu'il faut commencer sa vie « comme il faut », sinon il faudra la passer à dénouer ce qui aura été mal appris. Au nom de ce principe, nous adopterons des enfants chez Vision mondiale comme autrefois nous achetions des païens, pour que l'enfance se passe bien pour eux aussi, car nous croyons que la vie commence bien ou mal dans l'enfance, cette enfance que nous avons pourtant créée de toutes pièces.

W COMME WELLES

L'enfance comme refuge, comme perte de refuge, les stigmates et les lésions qu'une telle opération entraîne. Cette séquence de *Citizen Kane*, d'Orson Welles, où la mère abandonne son enfant pour lui donner la chance de grandir dans un univers qu'elle imagine plus grand, plus sophistiqué et sans doute plus aisé. L'enfant qui joue dans la neige, alors qu'à l'intérieur se trame son destin. La mère austère, inflexible devant son mari, une brute affaiblie par l'alcool et qui joue au père beaucoup plus qu'il n'en mesure les conséquences. Recherche constante d'un mot, un nom de fleur, Rosebud, inscrit sur une luge qui brûle dans tout le fatras accumulé par Kane. Une enfance perdue dans un bric-à-brac, peut-être même une vie sans enfance. Pareille situation finit-elle immanquablement par engendrer des monstres, des êtres qui assujettissent toutes leurs émotions au pouvoir et à la fortune ? L'enfance, comme les rêves, ne peut être amputée du parcours vital, sinon il en résulte une folie, une soif d'amour si grande qu'elle finit par paralyser celui qui en aurait été privé. Kane, son orgueil, sa colère, ses rêves qui flambent sur le bûcher de sa crémation.

X COMME X

La Croix de saint André, telle qu'on la retrouve sur le drapeau britannique. Comment en est-elle venue à signifier la faute, l'erreur et le jugement, le ciel ou l'enfer ? Dans nos cahiers de devoirs, on mettait un X pour signifier nos erreurs et un C pour nos bons coups. C, c'est le ciel, bien entendu, puisque notre effort s'accompagnait d'étoiles ou, mieux encore, d'un ange aux couleurs acides qui venait se poser dans la marge de nos cahiers pour signifier la fierté de la vertu et du bien accompli. Mieux encore, les jours de grande liesse, on nous remettait des images et des médailles. À tout prix il fallait fuir le X, indice certain d'un esprit brouillon et d'une enfance mal *enlignée*, signe même du mal et de l'erreur.

Y comme Y

« Il y a. » Il faut remplacer toutes les occurrences par « y a ». C'est quoi ça, cette manière de parler ? D'où ça sort ? Pareil pour « Il n'y a pas », par « y a pas ». Pourquoi ? Parce que. Parce que quoi ? Le fais-tu exprès ? C'est écrit comme ça se dit. Si tu parles, parle pour qu'on te comprenne. T'es plus un enfant. Oui, mais les grandes personnes parlent comme ça. Justement, ce n'est pas une raison.

Z comme ZZZZZ

Dans les bandes dessinées, on représentait le sommeil et l'électricité comme une série de *Z* qui, en s'accumulant, devait produire, je présume, une onomatopée que je n'ai jamais comprise. Perplexité qui dure depuis l'enfance. Petite résistance, petite interrogation que je retrouve lorsqu'il m'arrive de croiser cette manifestation visuelle. L'enfance est ainsi faite d'énigmes et de mystères que la vie se charge de classer par ordre d'importance. Au haut de la liste, ce qui nous marque le plus et dont nous ferons nos obsessions, nos résistances. Il faut croire que l'onomatopée du sommeil n'était pas de cet ordre-là puisqu'à ce jour, elle demeure toujours une devinette. Qu'est-ce qui marche à quatre pattes le matin, deux le midi et trois le soir ?

Abécédaire sur les villes

The Creative Cities Network, Fredericton (Nouveau-Brunswick), 9 septembre 2009

A AS IN AMSTERDAM

Cities are defined by that quintessential aura that brings their culture to a concrete manifestation. This is what culture usually does, for culture is a way of living together. Works of art are associated with culture, for they translate this very important aspect of our lives, they give it a form, a language, an identity.

Contrary to other nations where culture was heavily funded by princes or the Church, the Dutch decided that culture would be an individual affair. They fostered a domestic view of art. Painting became their obsession. Amsterdam is associated in my mind with one of the greatest museums in the world, the Rijksmuseum where you can see *The Night Watch* by Rembrandt. You get to know a city by its art, its way of life reflected in the manner in which its artists have portrayed it. Amsterdam reflects those strongly individual qualities that the Dutch have immortalized in painting: you thus get an insider's view of what the city has to offer.

B as in Beijing

Art is always synonymous with a sense of freedom. This is probably why cities that are too rigid in terms of their by-laws have difficulty creating an ambiance conducive to the appreciation of culture. Cities that are pleasant to live in usually understand that art and artists need a certain leeway if they are to create a way of life that is both appealing and productive. Granted that you need investment, industry and commerce, you also need an art of living, of relaxation, of enjoyment, of entertainment.

Two years ago, I spent two weeks in Beijing and visited the 798 Art Zone, which houses a thriving artist community among decommissioned military factory buildings and is often compared with New York's Greenwich Village or SoHo. Except that artists, here in Beijing, seem to be barely tolerated. Artists and organizations often operate as squatters and many artistic events are organized in an effort to eradicate the emerging avant-garde that could and probably will turn out to be, in the coming years, the defining image of this city and this country.

C COMME CARAQUET, AU NOUVEAU-BRUNSWICK

La culture est un élément inspirant pour quelque communauté que ce soit. Il arrive qu'une communauté se retrouve et se redéfinisse dans une vision culturelle, laquelle précède toujours une vision politique et une vision économique. C'est un fait avéré qu'il est important d'avoir un sens de l'identité solidement affirmé – ce que la culture aide à développer –, avant de faire face à de nouveaux défis.

C'est le cas de la ville de Caraquet, qui a été élue à deux reprises capitale culturelle du Canada. La ville s'est dotée en 1993 d'une politique culturelle, la première ville au Nouveau-Brunswick à s'investir dans pareille entreprise. La communauté a mis en priorité un programme d'infrastructures et contribue au financement de plusieurs événements qui l'ont fait rayonner sur la scène nationale et lui ont donné la réputation d'un lieu où la qualité de vie est fort appréciable. Son maire ne tarit pas d'éloges en ce qui a trait aux nombreux événements, dont il s'est fait lui-même le promoteur et auxquels il participe avec enthousiasme.

D as in Dakar

We have a tendency to equate the arts with a certain affluence. Therefore, our concept of culture is often tied to the superfluous, probably because we see art as an escape and not as a powerful means of perception, a spiritual quest or a shelter from the ugliness of the world. Artists and those invested in arts organizations tend to forget that for most people, art is a necessity. The funding we request in order for our activity to exist, here in North America, remains largely unheard and undreamed of in foreign countries.

A few years ago I spent two weeks in Dakar, Senegal. Noting the general disorganization, the makeshift facilities and the sincerity of the people involved in the writers' festival, I reflected on the reasons behind artistic activity and how we, in North America, have come to view different levels of government as our providers. We have created an ecosystem upon which artists are more and more dependent. Poverty generates a sense of freedom that has always been a trigger of great art. This might be the reason why we tend to believe that poverty is the mother of genius. Rich cities and rich countries have a way of imposing themselves by creating generations of entrepreneur artists who rely on funding more than on the urgency to create no matter what.

E AS IN EDMUNSTON, NEW BRUNSWICK

Cultural activities usually revolve around cities that act as catalysts and attractions. Some cities are more active in that sense than others and their art scene becomes a focal point from which careers are launched and nurtured. Every Canadian province has what we may call a cultural nucleus. In New Brunswick, with a population of seven hundred and fifty thousand, one third of which, the Acadians, is Francophone, no city can claim to be the single focus of the province's cultural activity. Instead, cities of various proportions and interests, as well as institutions, attract artists and create various art scenes, usually around art schools or festivals. Curiously, whether you are a Francophone or an Anglophone, these institutions work in a triangle. So the anglophone art scene could be in Fredericton, Moncton, or Saint John. For instance, if you take performing arts: in Fredericton you have Theater New Brunswick; in Moncton, the Atlantic Ballet; and in Saint John, the New Brunswick Symphony. If you are Acadian, the main art gallery is located in Moncton; the Acadian Festival, a major performing arts event, takes place in Caraquet; and the book fair, in Edmundston. Of course, in other cities such as Sackville, because of Mount Allison University, the art scene revolves around music and the fine arts. For that reason, I have always thought that New Brunswick has a very democratic, albeit modest, art scene.

F AS IN FREDERICTON

I had thought of Florence, the other big *F* in my book. But I chose Fredericton instead, for convenient reasons – mainly because we are here. And though the arts are usually identified with ancient cities enjoying a strong and long sense of history – Florence being one of them –, we have to keep in mind that Fredericton's history is in the making. We need to leave traces so that we may acquire a sense of continuity that is fundamental to building a cultural scene.

Fredericton is two hundred and twenty-five years young this year. Compared to Florence – whose beginning no one can trace for sure –, this is a very recent origin, of which we almost have a living memory. Yet, this is sufficient to create a sense of community and culture linked to the function and the geography of the city. As the capital of the province, located next to one of the most beautiful rivers in the world, Fredericton is regarded as a place where the history of the province was made. It is, as Leonard Cohen mentioned when he began his world tour here, "a place of poets" who, from Bliss Carmen and Charles Roberts to Alden Nowlan and Fred Cogswell, have given this city a voice and a sense of history. It is also the home of the Beaverbrook Art Gallery – celebrating its fiftieth anniversary this year –, where you can see major works by Turner, Dali, and Krieghoff. Not bad for a city of such a young age, and probably the size of Florence at the height of its reputation!

G COMME GENÈVE

Il est toujours intéressant de constater à quel point le tourisme a pris divers visages et à quel point les occasions de voyage se sont elles aussi diversifiées. La culture est sans contredit l'une des attractions majeures d'une ville. Elle la montre sous un tout autre visage. Pour ma part, quelles que soient les raisons de mes déplacements, je suis toujours porté vers l'aspect culturel de ma destination, soit comme point d'intérêt principal, soit comme activité périphérique au but de mon voyage.

Au hasard de navigations dans Internet, je tombe sur le site du Département de la culture de Genève, où je ne suis jamais allé. J'y découvre que ce mois-ci s'y tiendra une importante manifestation d'art contemporain : soudain, le visage de cette ville, ordinairement associée à des organismes gouvernementaux de nature sérieuse et sévère, prend une nouvelle expression, proche de la qualité de vie avec laquelle j'associe les arts visuels. Je regarde les œuvres qu'on me montre sur la vidéo promotionnelle de l'événement et je me dis qu'il y a tant de choses à connaître, tant d'artistes, et que la culture est une planète que nous commençons à peine à explorer.

H as in Halifax

Harbour cities have a mystique about them that makes them unique in their openness to foreign cultures. I had a friend who used to say: "There are three cities in the US, San Francisco, New York and New Orleans and the rest is New Jersey." Curiously, the three cities he mentioned were harbour cities. Halifax is no different: for a long time, it represented Canada's door to Europe. Halifax was the city from which the boats of the Cunard line would depart to cross the Atlantic Ocean. The city's motto used to state: "Half the fun is getting there." With one tenth of the population of the Atlantic provinces, Halifax is probably the closest we can get to a centralized art scene, connected to all major Canadian art scenes. There, the persona of the Atlantic provinces translates itself in literature, performing arts, and visual arts. It would be fascinating to trace the history of that cultural involvement, of its creations, and of its interactions with the rest of the country – mainly with central Canada, where decisions are being made that impact our perception of where we stand as a culture.

I as in Inukjuak

Canadians are very familiar with the state of "cabin fever," prevalent during that time of the year when we are vulnerable to mood swings and have to contain our urges and ground ourselves even deeper in the frozen land. This has shaped our character and given us some affinity with other Nordic people. Jean-Paul Lemieux, a famous Quebec painter, believed that we are closer to European countries with which we share a similar climate. Yet our colonial roots look to France or England for cultural agreements and sense of continuity.

Inukjuak is a Canadian place, not a city, not even a village, but a settlement where the Revillon Frères Trading Company funded the filming of *Nanook of the North* – an essential document about our relation to the land and its original inhabitants. On this continent we tend to identify with Europe in terms of origins and affinities. We tend to look down on the visceral cultures that could have given our cities a real edge, an original and unique cultural identity. The First Nations people believe that it is the land that makes the people and not the other way around.

J as in Joliette

In Joliette I saw one of the most impressive photography exhibitions, by Raymonde April, one of Canada's most articulate and lasting photographers. The city of Joliette reminds me of Caraquet, in terms of cultural engagement and installations. Of course, it is always surprising to find oneself in a situation as unexpected as that of the April exhibition, and this fuels the theory that the "middle of nowhere" is now becoming the center of the world.

K as in Köln

I have always been amazed at the scope of collections owned by corporations or individuals who foster a real passion for art, and a desire to give back to the community something that they have acquired over a long period of time, something they deeply value. It is the case, in this province, of Lord Beaverbrook and the gallery that bears his name. And it was obviously the case in the seventies' Cologne (Köln), Germany, with the Lindt company and its then director. I am referring to the creation of the Wallraf-Richartz Museum, one of the most impressive establishments of its kind. When I visited it in the seventies, it was like opening a book filled with all the major figures of contemporary art. For me, the new spirit of the city of Cologne is contained in that museum. It was then a city almost permanently damaged by the destruction that occurred during the Second World War. By Nazi standards, works displayed on the museum's walls would have been qualified as degenerate and sold for almost nothing, if not destroyed. Art can truly be the soul by which great cities are reborn and great hopes restored. Cologne, through the generosity of Daniel Hug, is an example of that.

L AS IN LONDON

Compared to other cities, London has always been seen as peripheral, until recently – with the "swinging London" attitude of the sixties, and its mega cultural industry headlined by major rock groups and pop culture figures –, when it became a focal point of mass culture. It has been said that the British have not produced many major artists but that the ones who have surfaced have become icons of world culture, and their influence seems to be boundless. Such is the case of William Shakespeare, William Turner, and the Beatles. In the colonies that emerged from British rule, the arts were a neglected dimension compared to the commercial activity that took place there. For a long time, for both the English and the French populations of Canada, culture was an imported product. It was only after the First World War that the Group of Seven undertook to free itself from the authority of the metropolis and the cultural supremacy of Europe. The same goes with Québec and the *Refus global* movement and manifesto of 1948, which advocated a more autonomous and freed cultural attitude. But to this day, London and Paris still serve as a reference: they are the anchor cities where our identities are measured, defined, and somehow controlled in colonial terms.

M comme Moncton

Moncton a été marquée au vingtième siècle par une tension entre les deux principaux groupes linguistiques qui l'habitent, tension qui diminue de nos jours au profit d'une reconnaissance des cultures en place. Seule ville canadienne à avoir adopté le statut de municipalité bilingue, Moncton traverse une phase culturelle qui lui donne un caractère unique au pays. En effet, grâce à la présence de l'Université de Moncton, la ville est devenue le noyau de la culture acadienne, qui s'exprime principalement au Centre culturel Aberdeen, une institution dont j'ai présidé le conseil d'administration durant sept ans. Au cours de mes quarante ans passés à Moncton, j'ai vu la ville évoluer jusqu'à affirmer l'importance économique des arts et de la culture comme éléments de richesse. C'est d'ailleurs l'aspect qu'on semble privilégier : la culture comme un investissement, avec une large place accordée au divertissement. Il s'agit là sans doute d'un début de parcours vers la reconnaissance de la culture comme élément essentiel à l'équilibre spirituel et émotionnel de la société.

N as in New York

A country that controls world economy will invariably become an Empire whose culture will have a comparable impact. Art in that sense is always the sign of a sophistication that originates from a metropolis. The United States assumed that role after the Second World War: since then, their decisions in the economic and political spheres have also mattered in terms of culture. It has been said that the Americans are to Europe what the Romans were to Ancient Greece: a nation of engineers and warriors who borrowed ideas from an inspired source and organized them so that they could be distributed and made accessible to the world. New York became central to that endeavour and its dynamism attracted creators from every part of the world. The city itself has become the reference in terms of modernity, with its skyscrapers and its fast pace. Modern American art was produced, dealt, and promoted from that city, whose aura, although it is now fading, still reminds us of a fascinating period in history. Its cultural institutions and spirit have marked our imagination just like the Athens of Antiquity, the Florence of the Renaissance, the Paris of the Classical age and the London of the Victorian era.

O comme Ottawa

Ottawa est une ville empreinte du grave mystère de notre destinée en tant que Canadiens, et les institutions culturelles nationales qui y ont été créées ont pour mission de traduire le Canada aux Canadiens. C'est le cas de la Société Radio-Canada, du CRTC, du Conseil des arts du Canada, du Centre national des arts, du Musée de la civilisation et du Musée des beaux-arts du Canada. Ces lieux attirent une concentration d'artistes et confèrent à Ottawa le statut de capitale culturelle du pays. La plupart de ces institutions tirent leur fonction et leur notoriété des services de représentation qu'ils fournissent au bénéfice des différentes régions du pays. En ce sens, Ottawa a toujours été pour moi, comme pour beaucoup de personnes je suppose, un lieu où s'illustre la culture canadienne. C'est une immense responsabilité mais c'est aussi ce qui donne à la ville une dimension exaltante. Il faut avoir siégé à un jury du Conseil des arts, par exemple, pour saisir l'ampleur de l'espace que nous habitons et la diversité de cultures qui y foisonnent. Il se peut bien que la principale création d'Ottawa soit la rencontre de ces cultures. Un projet – qui parfois donne le vertige –, que celui de rassembler en un pays des parties qui semblent disloquées, pour ne pas dire irréconciliables.

P AS IN PARIS

In the seventies, I lived and studied in Paris for three consecutive years, returning to Canada in June and back to Paris in the Fall. A Quebec expatriate I once met at a cocktail party told me that Montreal was a city but that Paris was a world. The formula stuck in my mind. From a Francophone's perspective, it is true that Paris is a world and in our case, the center of the world, as every decision that influenced the francophone sphere in the twentieth century had its origin in Paris.

But Paris is also a city of the arts, one of the most beautiful in the world. Like Rome, it was left untouched by the last Great War to hit the European continent. Paris is also a dream come true for many artists, in terms of lifestyle, inspiration, energy, and the activity generated there. France holds culture as a resource and a blessing. Consequently, many people have been drawn to its facilities and its magic. I remember a conversation with a writer friend who spends half of his time in Paris: I was asking him why he chose to forgo his comfort half of the time to live in what seemed to me like a prisoner's cell. His answer was that in Paris he doesn't have to explain what he does for a living. His real daytime job was writing.

Q COMME QUÉBEC

Le Québec est un territoire qui a toujours considéré la culture comme un élément important de son devenir. Il va sans dire que l'identité est au cœur des préoccupations de cette concentration de francophones, qui doit s'affirmer sur un continent dominé par la culture anglophone. La ville de Québec s'inscrit dans ce projet d'affirmation, et son action comme ville a toujours englobé son statut de capitale, sa dimension historique et son unicité – elle est d'ailleurs reconnue par l'UNESCO comme faisant partie du patrimoine mondial. Son quatre centième anniversaire a donné lieu à des manifestations culturelles qui ont tenu compte de la dimension populaire, tradition qui existait déjà avec le très célèbre carnaval d'hiver – alors que la ville elle-même prend un air de fête –, témoignage d'une symbiose réussie entre la direction et la population dans le but de transformer l'espace. Cette dimension, on la retrouve dans des villes telles que Rio de Janeiro, Munich ou La Nouvelle-Orléans, toutes trois célèbres pour leur sens de la fête. Québec s'inscrit à coup sûr dans cette dimension festive, un espace qu'il n'est pas facile de créer et de maintenir.

R as in Rome

As I was saying before, every city has its own mystique and Rome, if you are a French-Canadian, carries the second part of the mystique, the first being the francophone aspect of that identity, held in Paris. I visited Rome for the first time a few years ago, when I was invited to a writers' meeting. In my usual manner, an hour after having booked my room, I was at Saint Peter's looking at the amazing work of Bernini, and the next day I went to the Sistine chapel and various venues to see more master-pieces. Whenever this happens, I can't help but think of the commotion that only one of these artworks would create if it came to Canada. Let's imagine Michelangelo's Pietà on permanent display in Fredericton... It left Italy only once, for a brief showing at the New York World's Fair, and it traveled under the heavy security usually associated with heads of states. The people where I come from would go crazy if they had access to a single church, a single ruin, a single masterpiece such as the ones that abound in Rome. In that city, as in others, art merges among the many artefacts on display and after a while you become victim of the overexpo-sure to art! Your vision becomes bland and blurry from seeing too much in too little time. North Americans are probably more appreciative of great art because they have time to see things in context and in focus. A gallery's responsibility is huge in that sense, and all efforts to integrate culture in the everyday environment are greatly appreciated.

S as in St. John

St. John, New Brunswick, a harbour city, is the third component of a triangle of which Fredericton and Moncton would be the other angles. The first incorporated city in Canada, it will celebrate its two hundred and twenty fifth anniversary in 2010, a year when it will also be one of the country's cultural capitals. The city has set aside 1% of the budget for the construction of public buildings to acquire works of art; it has a cultural policy, is the home of the New Brunswick Museum, and because of its longevity, it boasts a long list of "firsts" that can be accessed via a specific website. Among these, St. John hosted the first orchestra to ever accompany a silent movie in North America; it also gave birth to the Eclectic Reading Club, which was founded in 1868, making it the oldest reading club in the country. A few years ago, the city hosted a conference on the progressive concept of creative municipalities, featuring important keynote speakers. The arts have always been a concern in St. John, where some of the most important artists of the province were born or made their career.

T AS IN TORONTO

In a world where policies, trends, and institutions are centralized, cities like Montreal, Toronto, and Vancouver – the famous MTV – will always be seen as embodying the notion that art and culture are priorities for an elite, who monopolizes all discourse and funding. I remember my years as a member of the Board of the Canada Council for the Arts, when institutions such as the Théâtre du Nouveau-Monde and the Royal Ontario Museum were labeled as "dinosaurs." Not for their seniority but for their appetite at swallowing huge amounts of money. And there the infamous statistics came into play. Numbers, as we all know, can be bended in the most demagogic ways. Why is New Brunswick not receiving an amount of funding consequent to its population? Answer: because the "art population" has migrated to MTV. And now the eternal question: Are we punishing success by denying grants to institutions that generate profits from their activity? And what is art anyway? And why fund this instead of that? Questions that makes sense in a big city where the air is rarefied on the art scene, but that might not make sense in a municipality where the art scene focuses on more affordable and practical projects. I might as well warn you. There are no answers to these questions. Talking about it is merely a matter of comforting rhetoric.

U COMME URUK

On dit que la ville d'Uruk, en Mésopotamie, est la plus vieille ville jamais découverte au monde. Elle date de quatre mille à trois mille deux cents ans avant Jésus-Christ. On sait que les villes de cette époque effectuaient le passage de petits villages agricoles à des villes hiérarchisées et dotées de bureaucratie, d'organes militaires, de groupes religieux. La ville aura dès lors une influence sur les populations plus rurales, qui viseraient elles aussi à devenir des centres culturels et économiques comparables. C'est dans les ruines d'Uruk qu'on a retrouvé les exemples les plus anciens d'écriture sur tablettes d'argile, de même que les premières constructions monumentales. Dans ces ruines, on a trouvé un artéfact connu sous le nom de masque de Warka, l'une des premières représentations connues du visage humain.

La cité existe depuis près de six mille ans. Ce qu'il en reste tient à quelques objets de nature culturelle ; il est probable que ce qu'il restera de nous dans six mille ans sera aussi de cette nature, car une des fonctions de l'art consiste à sauvegarder la mémoire. En ce sens, il est vrai de dire que les artistes ont pour mission de sauver le monde.

V AS IN VANCOUVER

It seems there are times when the arts are more abundantly funded than at other moments. When this is the case, artists rise to the challenge. An anniversary, a major event, or a gathering of some importance will invariably be allotted a cultural budget. Every manager in a cultural organization must have encountered, at one time or another, that sudden and one-of-a-kind funding. The Vancouver 2010 Winter Olympics are a good example; artists were an important component of these games. The Jeux de la Francophonie, which take place every four years, carry a sports and an artistic component, the artists also competing for gold, silver, and bronze medals in their disciplines, thus sharing a podium moment with athletes. The performance of an athlete is fairly easy to understand and the public can fully appreciate it as a feat that transcends human capabilities. The performance of an artist, on the other hand, is not as easy to appraise; therefore it might be better for the Olympic organization to stick to the realm of athletics.

W as in Winnipeg

Some people are indispensable to the longevity and well-being of an organization. Sometimes they play as a one-man or one-woman band, convinced that everybody deserves their share of beauty, art, and culture. In a former life, I have been instrumental in creating many such institutions, ranging from cultural centers to art galleries, to film companies, to publishing houses. Fortunately for me, these organizations have stood on their own after my leaving, though most of them remain fragile entities that continue to exist thanks to the dedication of a small number of individuals. I consider these individuals a part of a new Francophone consciousness that is taking place in every province of Canada outside Quebec. In Manitoba for instance, the Franco-Manitobans have regrouped around Winnipeg, and when it comes to the Winnipeg art scene I cannot help but think of people such as Roger Léveillé or Lise Gaboury, whose names you might have never heard but who are very important in completing the cultural mosaic of our country.

X as in Xanadu

Xanadu was the summer residence of the Chinese emperor, as related in Marco Polo's *Book of Wonders*: "There is at this place a very fine marble palace, the rooms of which are all gilt and painted with figures of men and beasts and birds, and with a variety of trees and flowers, all executed with such exquisite art that you regard them with delight and astonishment." Xanadu became a metaphor for opulence.

At the time, art and culture were reserved to an elite, and that tendency persists to this day. However, I believe that your efforts are geared towards a more democratized access to culture, ensuring that it can be enjoyed by the vast majority: that is the purpose of art and the legitimate translation of its urge to transform human experience into language so that again it may become accessible and enjoyable for all citizens.

Y COMME YELLOWKNIFE

L'art dans la ville est un élément important de signalisation, de localisation et d'aménagement esthétique. Malgré les critiques qu'on peut en faire, une telle initiative manifeste une appropriation de l'espace et la volonté de rapprocher l'art du public. Yellowknife en a récemment fait l'expérience.

Le carrefour culturel de Yellowknife est une initiative de Daniel Lamoureux, directeur de la Fédération franco-ténoise. Il a eu l'idée d'ériger une œuvre monumentale témoignant de la contribution des francophones au développement du Grand Nord. En février 1997, Lamoureux a invité le sculpteur Armand Vaillancourt à Yellowknife, où, en compagnie d'artistes autochtones, ils ont élaboré une œuvre d'art qui a vu le jour en 2001. L'art traditionnel, sans perdre son identité ni ses traits caractéristiques, se marie ici avec bonheur à l'art moderne, en un message très puissant de solidarité et de confiance en l'avenir. Cette sculpture monumentale, œuvre collective et multiculturelle, constitue le premier objet d'art de Yellowknife, capitale des Territoires du Nord-Ouest.

Z AS IN ZURICH

I want to say how glad I am that you have invited me to talk to you this morning. The subject of art in the city is, for me, of the utmost importance if we are to make our environment both meaningful and pleasant. It is essential in times such as ours that there exist public spaces where people can meet to share, reflect upon and exchange about their need for beauty, for memory and for consciousness. It would be a very lonely and sad world if language disappeared. And the same would happen if art and culture became neglected. The same way the body needs food, the soul also needs nourishment. Thank you for making this a reality.

Merci beaucoup de votre attention. Merci d'avoir choisi Fredericton pour votre conférence. Merci pour votre implication à faire de l'art et de la culture des dimensions essentielles et nécessaires à l'équilibre de nos vies, de notre environnement et de notre espace urbain.

Why Zurich? No reason, really. It was the only city starting with a *Z* and I only skipped through it briefly, in the seventies, on my way to Vienna.

La preuve qu'il y a encore des villes à voir et à visiter.

Abécédaire Sir Wilfrid Laurier

Wilfrid Laurier University, Waterloo (Ontario), 6 mars 2006

A AS IN ACADIE

Acadie was founded in 1604. The name, like Canada, is one of those words to which we don't seem to be able to assign a definite origin.

B AS IN BOSTON

Boston, New England, is a city that resonates greatly for both historical and contemporary Acadia. We all know that Boston was where Charles Lawrence, then governor of Nova Scotia, and William Shirley, then governor of Massachusetts, decided the Great Expulsion of 1755, an event so dramatic that Acadians are still trying to make sense of it today. Long before that, Boston had been a city where Acadian settlers would go to seek help against their rivals – as did governor Charles de Saint-Étienne de La Tour against his archenemy Charles de Menou d'Aulnay, who had attacked and taken Fort La Tour, located in St. John Harbour. France was always in a state of flux regarding the colony: thus the settlers would as often as not trade with the English, either for convenience or for profit, but also for that sense of freedom and independence that they probably got from New Englanders who had rejected colonial dependency.

More than any other American city, modern-day Boston, even after the breach of trust which led to the Deportation, still exerts an attraction on the Acadians, many of which migrate to its surrounding towns for work, for independence, or by curiosity. These members of a modern-day Acadian diaspora marry there, have children who do not speak French, and return to Acadie every summer to flash their newly acquired wealth and rental cars. This of course is a cliché: those who have done really well for themselves and still commute between Boston and Eastern Canada usually resent the flavour of nostalgia and the obligations that result from living a rather schizophrenic life, torn between comfort and a sense of belonging.

C AS IN CONGRESS

Many Acadians can still recite, like in the Bible, their ancestry up to the first settler to set foot on the continent. For many years, I resisted that trend but one night, as I was surfing the Internet, I typed the word Chiasson in Google and discovered a website devoted to our family: it seems like every Chiasson that has ever lived is there. That is how I found out that all Acadian Chiasson are descendants of Guyon Denis Chiasson, born in Saint-Sauveur, close to La Rochelle, in 1638, and who migrated to Port-Royal, Acadie, in 1664.

Much akin to the Jewish World Congress, the World Acadian Congress takes place every five years. The event is an opportunity to exchange views on a variety of subjects, to celebrate Acadian identity and culture, but mainly to recreate the lost family and reunite the extended family. The first edition was held in the Moncton area in 1994, followed by Louisiana in 1999, Nova Scotia in 2004, the Acadian Peninsula (Northern New Brunswick) in 2009. The main aspect of these celebrations is the diversity of the participants, their origins, their age, and above all, their name.

During the first World Acadian Congress, I documented in film the coming together of three families: one from France, one from Quebec and one from Louisiana. At almost every one of these gatherings, there is a discussion on the role that the diaspora should play in regards to the "motherland." Some argue that it should help by contributing rather than interfering, while others claim that since the motherland "is no more," they should fully participate in "project Acadie." Although Acadie has considerably evolved, many still view it through the mythic perspective of its colonial days.

D AS IN DIASPORA

The notion of diaspora is a peculiar one. I suppose that every country in the world has its own, with more or less strong ties to the motherland. The Acadian diaspora is the result of the 1755 Great Expulsion, when close to ten thousand people were taken from their lands and scattered to areas as far away as Quebec, Louisiana, France, England, the United States and even the Falkland Islands (best known for the recent war declared by England on Argentina for their control).

There are still approximately three hundred and fifty thousand Acadians living in the Maritimes, on land that constitutes the historic Acadie. They are pursuing a cultural, political, and economical project grounded in their identity and their rights as Francophones living outside the main francophone concentration – Quebec. According to claims that no one can verify, there are supposedly one million Acadian descendants living in Quebec, members of a diaspora that extends its roots to France and the United States.

At issue is whether blood ties are sufficient to give one a say in decisions that affect the current Acadian project taking place in the Maritimes, which is seen as the continuation of the original settlement. This issue, over the years, has been a source of tension between members of the diaspora and what has been referred to as "the territory," many arguing that the territory is virtual since it cannot be traced on any map. They conclude that since Acadia no longer exists whereas Acadians, on the other hand, do exist, this should be the only tangible identity and apply equally whether one has been removed from the original land for two hundred years or whether one still inhabits it.

Many Acadians and many Acadian artists have left the Maritimes to settle in Quebec, namely in Montreal, where they have put forward a mostly folkloric vision of Acadian identity, a vision that prevails as the authentic one, and is based essentially on the Acadian accent, on food and music. The portrayal invariably includes a fiddle and suggests that Acadians spend all year partying. The media buys into that image, thus amplifying the idea that Acadians live in the past while driving cars and surfing the Internet. Sometimes, witnessing that cultural production, I feel that our situation is not very different from that of the First Nations, in the sense that we have created an image from which it is very difficult to escape.

If this mediatised view of Acadia is somewhat out of focus, and far from reality, it is one crafted by many Acadians who consider it comforting in terms of culture, politics, and the economy. This enterprise is deeply rooted in the myth of a paradise that lasted for one hundred and fifty years, before being disrupted by the scourge of God and then miraculously recreated. With the myth also comes the motto: "Wherever Acadians are, there lies Acadia." Many are conscious that such an attitude is in fact the justification and triumph of the Deportation.

All diasporas maintain strong ties with their motherland, including the Acadian diaspora. The "tying" movement usually goes from the diaspora to the motherland. But in Acadia, it often seems to be the other way around – whatever goes on in the diaspora is usually the result of an initiative from the "territory." But the Acadian diaspora has often taken advantage of that situation by imposing its vision upon the territory, sometimes by ingratiating itself with the movement, and often by becoming financially dependent on the outcomes. This attitude is mainly visible in the cultural sector. If you are in Montreal, you are but one phone call away from a national network studio, whereas if you live in Moncton or Caraquet, getting a phone call or being asked for a link-up interview is a rare privilege.

The disturbing reality is that Acadians came of age in the ancestral territory where they settled, from which they were then ousted, before returning later to pursue a project that had been crafted four hundred years earlier. The diaspora's wish to be part of that project is more than legitimate. But let nobody forget that should Acadia die out in the Maritimes, it will disappear everywhere. There are no more Latins, because no one claims that identity, but I am sure that their blood still flows in their Italians descendants. The same will be said of Acadians once their "virtual territory" is no longer claimed as such. Acadians who are proud of their roots should also be aware of that.

E as in Evangeline

In 1847 Henry Wadsworth Longfellow published his epic poem, *Evangeline, a Tale of Acadie*. The poem would become the reference book for the Great Expulsion, and the first chronicle of its embryonic diaspora. In the book, based on the tradition of the wandering hero, the character Evangeline becomes the first heroin to travel the American continent in search of her beloved Gabriel, with whom she will be ultimately reunited as he lies dying in a hospital where she has become a nun and a nurse. The plot, coated with a strong romantic flavour, has oftentimes been mistaken for actual history. The book, translated into numerous languages, has been hailed by many, including Acadians, as a true story. Evangeline's would-be costume was adopted as the official traditional Acadian costume. Her fictitious deeds feel so real that, when her would-be remains were discovered in the United States, a group was put together to bring her back to her place of birth in the Maritimes, wherever that would be.

Other facts must be said about Longfellow. First, he never set foot in the Maritimes but rather conducted his research from a distance. The idea was given to him by Hawthorne and he probably shared with him, along with Whitman and Melville, the will to create a certain literary nationalism, powered by all-American themes and an exaltation for the wide and wild space that the continent offered. For Longfellow, it is the British who were responsible for the brutal groundwork laid in Acadie, even though the Grand Dérangement was orchestrated from New England – Boston, Massachusetts, to be more precise –, where he resided.

The victim-tormentor dynamic that transpires through *Evangeline* still stigmatises the French-English relationship to this day. The text gave the Acadians a heroin who, much the same way as *Maria Chapdelaine* in Quebec, was also conceived from an outsider's perspective – in other words, the author had very little control over the verisimilitude of the plot that he created, much less over the message that he wanted to put forth. Barry Jean Ancelet, a folklorist and professor at the Southwestern Louisiana University, appears in Ginette Pellerin's movie, *Évangéline en quête*. Here is what he is quoted as saying: "Evangeline, as a fictitious character, denied us access to our real heroes."

F as in Farragher

John Farragher is a professor at Yale University who advocates the thesis of ethnic cleansing to describe the Great Expulsion of the Acadians which took place in 1755. *A Grand and Noble Scheme*, published the year of the two hundred and fiftieth anniversary of the event, speaks with expertise of the arrangements and motivations invoked by the then lieutenant-governor of Nova Scotia, Charles Lawrence, in order to manipulate every colonial office and pursue his plan; in his correspondence, Lawrence describes it as a "grand and noble scheme."

Farragher gives credit to the theory that the Expulsion was planned. He cites various reasons for this, including the need to "make room" for New England Loyalists; the fact that the British authorities were unsure if the Acadians would remain neutral; and that the Acadian project bore resemblance to the independence drive that would eventually spark the American Revolution.

A few weeks ago, Farragher came to Fredericton at the invitation of the University of New Brunswick. His talk was most enlightening, and his conclusion was that the United States, more than the British authorities, had been behind the Acadian ethnic cleansing. It is somehow ironic, almost one hundred and sixty years after the publication of *Evangeline*, to see another American writer offer a book as important for Acadians as Longfellow's, though much more documented, and tackle the same subject from a totally different perspective.

G as in Genealogy

Genealogy seems to be an obsession for the Acadian people, particularly for those of the diaspora: how else would they know if they have blood ties making them true members of the dispersed family. The University of Moncton houses the principal database for those interested in researching their genealogy. It is common, at the Centre d'études acadiennes (Center for Acadian Studies), to see people from many places consulting the documents that it houses.

The authority in this subject is Stephen White. A graduate of Harvard College and the University of Pennsylvania Law School, White was practising law in Boston, Massachusetts when he was offered the position of genealogist at Moncton University.

In 1999, after working on a dictionary for almost thirty years, Stephen White published the first two of many volumes in preparation on that subject, books already highly recommended and considered the best research books on the subject. A must for all Acadian researchers!

Stephen White's website states that he is actually an Acadian LeBlanc descendant. His great-grandfather, Simon-Pierre LeBlanc, was a captain without a ship when he moved his family from Cape Breton to Massachusetts and changed his name to Simon Peter White.

The next volumes will contain the Acadians in exile from 1755-1763. It will present information on where they were settled at the time, where they were born, married or died as well as where the families resettled after the signing of the Treaty of Paris in 1763.

H as in History

The period following the Deportation is usually considered to be one of a long and painful silence. The same could be said of the event itself: while Acadians have composed many laments and stories on a huge variety of themes, including traditional and often mythological views passed on from generation to generation, very few and none to my knowledge have been devoted to the most important tragedy of their history. For the historians, that period represents quite a challenge, as they must piece together tidbits of documents and information that might eventually give birth to a virtual model of events as they unfolded. The silence which shrouds this dramatic episode gives a troubling and disturbing vision of a society, seemingly bent on eliminating itself from history books and chronicles.

Nevertheless, there exists a firsthand account of the event: John Winslow's journals detailing his operations, as a lieutenant-colonel, charged with removing the Acadian population from Grand-Pré in 1755, and the various problems he had with different aspects of his mission. Acadians, like First Nations people, were for a great part illiterate and their literature remained mainly oral until the nineteen seventies when, with the founding of the Université de Moncton, a generation of cultural workers brought forward a rediscovery of tradition and developed a modern discourse on history. But the myth is strong and history, which at its best wants to maintain a scientific distance, still has a long way to go if it is to present an overview of the circumstances surrounding the founding drama of Acadia and the diaspora that it gave birth to.

I as in Identity

As time goes by I have come to the conclusion that identity can no longer be conceived as a shrinking device that leads to a reduction of our persona and our view of the world. Granted, we are Acadians and as such, we share a common historical destiny and a problematic perception, of belonging to a people whose territorial borders will never be clearly defined. Sometimes, I wonder if it would be possible to exist in time only rather than in space, and that is always a bit confusing. Our situation could be similar to the First Nations', who live in territories that, like the climates, stretch over many borders.

There are degrees of identity in the vast Acadian diaspora, degrees that vary the further we move from what we identify as territory. Every summer, for instance, a great number of tourists, mainly Americans, including Cajuns from Louisiana, visit the historical shrine of Grand-Pré, the home of Evangeline in Longfellow's poem. For them this is the birthplace of Acadie. For many, the ultimate identity lies in the strong emotional ties elicited by seeing the name of an ancestor on the list of those deported from that small village, a list now posted in the little church built on the site many years after the 1755 tragedy.

Many Acadians see their identity rooted in the French language, in its use, its mastering and its defense. For others, it is in a name, like for that black Acadian I saw at the first World Acadian Congress in 1994. One thing that has always puzzled me is the fact that you cannot become Acadian other than by blood ties; even by marrying you will never acquire a full identity.

J as in Jew

Y a-t-il rien sur la Terre
Qui soit plus surprenant
Que la grande misère
Du pauvre juif errant

Which would loosely translate as:

Is there anything on this Earth
As astonishing
As the great misery
Of the poor wandering Jew

This verse is part of a long lament that I first heard Joseph Larade, of Chéticamp in Cape Breton, sing. The wandering Jew was condemned to walk all his life because he had refused to give water to the Lord as he was carrying his cross to the Calvary. It says a lot about the racial tension that existed between Jews and Catholics at one time; when I was a child, we would recite prayers to bring them, along with other heretics, to the one and only true faith, Catholicism.

The wandering Jew is part of a legend that was widely circulated in Acadie. I always thought that our diasporas suffered a similar form of condemnation by fate or for lack of vigilance. After the Deportation, certain religious leaders, namely a few Quebec bishops, adding insult to injury, blamed the Acadians' pride and independence, which had brought on their own catastrophe.

On a different note, I have often noted my interest in Jewish people and their culture. Their laments, which so closely resemble the Acadians', their self-deprecating humour and their sense of humanity seem to me indications of a group, much like the black people, which sees itself as a widely stretched-out insecure family. As I am writing this, I am listening on the radio to Bernstein conducting music by Sibelius.

K AS IN KING

In the old days, all the lands belonged to the King and the faithfulness of his subjects was guaranteed by the oaths that everyone, from the aristocracy to the peasants, was obliged to swear. In Acadie, the Great Expulsion was provoked, in reality or as a pretext, by the fact that we would not swear to a full oath but a conditional one, whereby Acadians would not be obliged to bear arms, and thereby attack other French living on the continent.

L AS IN LEGEND

Acadians have been known to produce many legends sparked by their journey on the North American continent. Inspiring myself from this literature, I wrote the following text, published in *Climates*, entitled "The Legend of Permafrost." This is the beginning:

"Our dispersal is a sketch erased as we kept it in our pockets, crumbled up by everyone who tried to reconstruct its itinerary, driven to admit that the road has disappeared or that the lines were badly drawn, improvised, the pencil lead smudged into a grey blotch in the paper fibres, the safe havens not shown at the right location, the bodies of water not flowing where they should, the world has turned away from us, no longer turns to our advantage, no longer turns around as we pass by. I admit that, on a larger scale, all this doesn't weigh very heavily. Three thousand people lost their way, went off into the desert instead of following their animals into the mountains; have gone off towards the permafrost instead of going down towards the equator."

"Sometime survivors replay in their minds the fires that chased them from their homes. They demand that justice be done, that the fires be extinguished once and for all. They demand to know if they have really returned to their space or if they are just victims of a constant hallucination, a permanent hologram. They no longer know if they are being told a story in which they no longer recognize themselves. They wait for their departure towards a space they have all imagined, but meanwhile they bend solemnly over the map that portrays their homeland and that has obsessed them like a curse. They are afraid. They don't know how to lie."

M AS IN MEMORY

More and more we are confronted with our *devoir de mémoire*, the obligation to remember, not only the Deportation but also all tragedies that affect humans on a historical scale. We have an obligation to remember these deeds not to craft vengeance out of them – at least I hope that is not the purpose –, but to take notice, to better understand the tragedies that have marked our course and how they affect us. From a more Freudian viewpoint, these form part of our unconscious, which will eventually surface in behaviours that are difficult to charter. That is probably what we call "the soul taking its roots in reality." Jung, Freud's counterpart in a way, argued that the unconscious doesn't exist; it is rather the history of humanity coded in every one of us.

The Deportation is coded in our persona. The fact, for instance, that Acadians have a tendency to stay away from any kind of social organisation, that they have developed a form of paranoia and distrust must surely have its origin in the dark days of the Deportation. At the same time, Acadians trust deeply in extended family ties, which form the base of a metaphor, namely that the Deportation was the dispersal of a family now perpetually trying to reconstruct itself, piece by piece, interrogating its memory and putting forward a nostalgic dream of what might have been by alluding to a diaspora that keeps extending itself through the ages.

N as in Neutral French

During the Deportation, the Acadians were referred to as the Neutral French; the whole question was to evaluate to what degree they were really neutral and if they could be trusted as such. This concept of neutrality was at the center of many discussions during the English regime that stretched from 1713 to 1755, a period during which the Acadians were allowed their freedom and to keep their lands. It is also central if we are to understand the attitude of the diaspora that followed the dispersion.

A few years ago, I was doing research for a film on the concept of Acadianity, of what makes us Acadian. I had chosen a woman from Memramcook who had 13 children, 6 of whom lived in Waltham, Massachusetts. She was always on the road, torn between her two centers of affection. During my stay in Waltham, I met the parish priest of St. Joseph, an area around which most Acadians gather. He told me that although the Acadians were a strong and old group in Waltham, none of them had ever ventured in municipal politics, even though other migrant groups, of much smaller numbers, had had their share of mayors and councillors. But he added: "They are the best party organizers that you will find." And he wasn't referring here to political parties.

The change from "power to partying" is interesting and is part of the mythology surrounding Acadian people: we are very hospitable, and see no end to singing and dancing when welcoming the diaspora. This potluck ideology, along with the ever constant rediscovery of long lost brothers and sisters finding their way home, is a very different one from the neutral and negotiating teams at work during the pre-Deportation years.

O as in Overseas

Acadians, much like most people who inhabit this land, know that we are all immigrants to this continent and that the only true visceral knowledge of this land is the one that the First Nations' people gathered over their fifteen or so thousand years of enduring the hardships of its climate and embracing the beauty of its landscape. As for us, we still have ties to the motherland of Europe.

During the Great Expulsion of 1755, a number of Acadians returned to France, where they were given lands and facilities to settle, only to discover that their roots were much deeper in America than in Europe. In modern days, a new kind of relationship has developed and when General De Gaulle came to Canada in 1967 – of "Vive le Québec libre" memory –, he spoke about the Acadians as a population that France was interested in renewing ties with and to help.

Since then, many occasions have arisen to reconnect with Europe. "Les amitiés acadiennes" is but one of the organisations that were created following that renewed interest. Acadian descendants living in France and those who remained after the expulsion have put together Acadian structures. There is also in France strong guilt feelings for having lost or abandoned Acadie, and a strong political bond to associations on this side of the ocean promoting cultural and political Acadian identity. The paternalist concept of "cousins" also now applies to us, as it did for a long time to Quebec and the French diaspora, a concept deeply rooted in a colonial view of the lost empire.

P AS IN PÉLAGIE

Pélagie la Charette, the novel that gave its author Antonine Maillet the Goncourt literary prize, making her the first non-French author to receive the award, tells the story of a woman who, much like Evangeline, walks across the United States, drawing a cart that carries her belongings, a cart that becomes the symbol of the birth and death of this Acadia on the move. This wandering heroin, of course, has overtones of Evangeline and Brecht's *Mother Courage*; in this case, however, the story ends on a more positive note than did Longfellow's drama, and its heroic deed has nothing in common with Brecht's irony and cynical character.

The diaspora recognized itself in Maillet's novel, surely because of the high profile it had in the Francophone world, but also because it brings to a conclusion the dispersion and dissemination, focusing on the return to the mother land of pre-Deportation Acadie. In reality, very few returned in such a heroic way and with such dedication. A lot of them died, mainly children, according to Farragher, and the ones who resettled after the tragedy were mainly those who had taken shelter in the woods; such is the case for the new Acadia of New Brunswick, where settlers became fishermen because their ancient lands had been confiscated.

Q AS IN QUEBEC

Did you know that Quebecers as famous as Maurice "Rocket" Richard, Jean Béliveau, Montreal ex-mayor Raymond Bourque and ex-Quebec premier Bernard Landry all have Acadian names and ancestors? They are part of the original population who escaped deportation by fleeing to Quebec. Since then, there has been a long and constant migration from Acadia to La belle province. There is even a prize, le prix Méritas, recognizing each year a Quebec Acadian or one of its descendants; they hold regular gatherings in places like Quebec or Montreal or as remote as Abitibi-Témiscamingue.

Associations try to recruit Quebec Acadians, but they are difficult to identify because often they have no knowledge of their identity or ancestry. The number of Acadian descendants in Quebec is impressive, and according to popular claim, it could be as high as one million. One of my friends, who does not agree with this claim, once stated ironically that there is also one billion Acadians in China, the problem being that they are not aware of it. He would push the irony to arguing that all Mao's work was in fact a secret code aimed at communicating with Chinese Acadians and convincing them of this identity.

R as in Responsibility

When I was nominated lieutenant-governor of New Brunswick, the first question that was put to me was whether or not I was going to pursue the proposition put forward to the Canadian Parliament by Bloc québécois representative, Stéphane Bergeron, asking the British Crown to apologize for the harm caused to the Acadians by the Deportation. I answered that I would not comply with this proposition, which constituted, in my view, interference in Acadian affairs by a Quebec representative and that we should invest in the future instead of grinding our axes over past grudges, however painful they may be. This, as you well know, did not go unnoticed by certain Acadian nationalists, whose lack of knowledge of their own history is matched only by their desire to get even. Many of them still hold on to the idea that blood ties are the essential ingredient if we are to recreate a space, even if the ghetto thus created represented a reduction of our identity, defined more by nostalgia and anger than by our trust in life, a much surer means of avenging ourselves.

The other issue is that it is difficult to know who is responsible for the Great Explusion. Rather than focussing on the obvious and mythic tormentor that are the British troops, we might wish to remember that the majority of the troops actually came from what is now the United States. So how about asking president Bush for excuses. The court of France did not much protest, according to Farragher, because it wanted to keep its hands free in case it had to do the same. So should we ask president Chirac to apologize for non-assistance? The same could apply to Quebec, whose answer was that the Acadians should abandon their lands and join Quebec; this, from governor Vaudreuil, whose mother was Acadian, when asked if he could provide Acadians with arms.

S as in Seventeen Fifty-Five

1755 is the year of the Lisbon earthquake that killed fifty thousand people, the year that Quentin Latour painted his famous portrait of Marie-Antoinette, Louis XV's mistress in command, the year Samuel Johnson published his dictionary and that the University of Moscow came into existence. In Acadia, 1755 usually rings a different bell.

The sociologist Jean-Paul Hautecœur, whose book *L'Acadie du discours* is probably the most thorough account of Acadian mythology, is convinced that 1755, the year of the Great Expulsion, is probably year one of the Acadian people. Like any family, group or community, it is through a sharing of pain or tragedy that we become united, that we rise to the challenge and develop a common narrative, in the Derridian sense, of relating and understanding ourselves. The myth generated around year one is the myth of a deeply rooted people who became lost in the erratic lines of time. Recently, an ironic incident took place when Air Canada decided to schedule a Moncton to Montreal flight at 17:55. They probably didn't notice the coincidence, the irony, but it was not so among Acadians, many of whom view Montreal in the same perspective as Newfoundlanders imagine Toronto.

During the seventies, that infamous year also gave its name to a rock and folk band, one of the first as a matter of fact to define a new Acadie, and as such will be remembered by a generation much the same as the Beatles are. A second ironic incident happened when they advertised one of their shows on CKCW, Moncton's then only local radio station, and the announcer promoted them as: "1755, a good group and a good year." Maybe he didn't realize either the stress and pain Acadians usually associate with that year.

T as in Trauma

We tend to hold a black and white view of the Deportation: the diaspora it created cultivated a particular reminiscence, that of a dream world out of which we were brutally awakened. Of course, we also have the Evangeline view of the event, but the generally accepted view is one of a lost paradise, the colony being indeed the rediscovered Garden of Eden. We now have a much better understanding of what happened and appreciate that our ancestors were not more perfect than us, that they too were very much part of humanity.

On many occasions, I have brought this idea forward, only to be severely reprimanded for throwing a damper on a form of nationalism that I have always been at odds with. For instance, in the film *Les années noires*, The Dark Years, I have tried to show the Ethnic Cleansing idea behind the Deportation, but also that some Acadians collaborated, that they used guerrilla tactics, that some priests were double agents for Versailles, etc.

I have also produced paintings for an exhibition entitled *Evangeline Beach, an American Tragedy*, offering a reinterpretation of the famous Frank Dicksee lithograph showing Evangeline on a beach, not far from Grand-Pré that now bears her name, surrounded by Acadians, and the few possessions that they were allowed to bring. In this exhibition, I wanted to reinterpret history, pointing to the idea that Evangeline represents an American view of our history, and a form of appropriation of our culture.

U AS IN UNITED STATES

The Acadian diaspora of the United States is mainly concentrated in the south, the famous Cajuns who share with their northern Canadian counterparts a common origin in the colony from which they were deported. The general belief is that they were deported to Louisiana in the middle of the eighteenth century, while in fact they were first deported to France, where they couldn't adapt to their new life and asked the king of Spain for permission to migrate to Louisiana, a permission which he granted, welcoming them by paying the fare for their transport.

For the Cadiens of Louisiana, Nova Scotia is the true birthplace of Acadia, and many, in the summer, make the pilgrimage to Grand-Pré, birthplace and mythic setting of Longfellow's Evangeline. St. Martinville, Louisiana, houses a Museum on the Deportation: an Oak tree under which Evangeline would have kissed Gabriel for the last time. In the seventies, one of the guides at the Museum explained to us how lucky they were to have been deported to such a warm climate instead of having to tolerate the sub-zero weather, the freezing in up North.

This is a view, I have to admit, that is decidedly different from the longing and the separation that is usually expressed when the tragedy is brought to our attention. I have even heard people say, on a note that I have yet to qualify, that the Deportation could be considered the first "organized trip." As Antonine Maillet's famous character "La Sagouine" would have replied: "These trips come at a high cost."

V AS IN VISIONS

In the same way as the Acadians have left almost no written account, there exist almost no images of the Deportation. Most of what has transpired is a romantic view, steeped in fiction by the Evangeline poem, whose many versions were widely illustrated. The poem formed the basis for the first long-feature Canadian movie, released in 1913, a Canadian Bioscope production that had a huge success. There are no more copies of the film; all that remains are photographs, very much in the style of silent films, with the exaggerated mimics by which actors portrayed their voiceless feelings.

The second film, also from the silent era, was released in 1929, and starred Dolores del Rio. It is still available and the actress was deeply touched by her portrayal of Evangeline. The Acadian public was as well, so much so that they gave her features to the statue of Evangeline erected in front of the St. Martinville museum. The same thing happened at Grand-Pré, where the great Canadian sculptor Louis-Philippe Hébert portrayed her as Evangeline in front of the little church that came into existence as a tourist attraction during the Railway promotion of our country.

The only images that survive from the original drama are portraits of a few key players: Charles Lawrence and William Shirley, then governors of Nova Scotia and Massachusetts respectively, who planned the Great Expulsion, and Jonathan Belcher, the judge who signed the order. All the others are faceless.

W AS IN WANDERING

There would be no diaspora without the idea of wandering, an idea which seems to have been responsible for a lower involvement in public affairs. Maybe because for a long while Acadians viewed power as a foreign, not trustworthy affair, knowledge as a tool of manipulation, and wealth as a dishonest enterprise. When you consider yourself a renter instead of an owner, you tend to shy away, to keep a low profile. It has been so for many years, and it will still take a while for them, for us, to undertake a complete reversal of fortune.

The "refugee attitude" is mostly visible in the drive that Acadians have for traveling and moving mainly for work, although this could also be a Maritimer response to survival, and an approach to dealing with each other on a human basis rather than relying on a prefab identity brought about by a strongly defined origin. If you are Italian or German, you possess a certain number of clichés or identity traits that many of us will look for on first contact. Acadians, however, are the product of an enigma. They know that. They also know that it takes time to explain the differences this entails. That might be the reason why mythology – with its tendency to reduce long, nebulous and complicated stories –, seems more fitted to explain how events happen and evolve, instead of drawing on long intricate discourses. On the origin of the world, for instance, it is much more convenient to believe that God took a handful of earth, blew on it and created Adam.

Identity is always a complicated issue, and this is why the shortcut to all the differences might be, instead, to put forward similarities and draw on them. The quick sizing of human beings, the silence, the sense of celebration, the generosity, the warmth of an extended family, these would be some of the qualities, a sense of humanity that people would draw on to give them shelter. Sharing their faith in our collective well-being might just put an end to their wanderings, finally let them come to rest.

X as in Xenophobia

My last film project, *Those Who Wait*, deals with fishing rights on the Miramichi river; it is also known as the "Lobster war" between First Nations' people and the Acadians, who, probably for the first time in their history, were seen as aggressors instead of victims. During the shooting of the film, I met with a group, based in Moncton, calling themselves The Acadian Metis, a name which gave rise to another dilemma because that name, apparently, can only apply to the Western Metis Nation.

I met with the Acadian Metis chief or promoter, and found that they were probably more interested in the material advantages of their newfound identity than in promoting a noble friendship among the two groups. I found rather strange their interest in genealogy and blood ties in general. Apparently, First Nations' people have a gene in their DNA that identifies them as such. By sending a small amount of your blood for analysis in a US laboratory, you could know whether or not you are a true descendant. The man in charge showed me an official document confirming scientifically that the gene was in his blood, and that piece of paper made him and members of his group more Indian than those on the reserve fighting for their fishing rights. After all, they had scientific proof.

The Acadian diaspora also relies on blood ties to put forward a very compacted identity, one that it is very hard to claim. For us, there is no gene however, to prove degrees of purity or belonging. But then again, being Acadian doesn't give you the right to free university education or four moose a year.

Y as in Yellow

The yellow star on the upper right corner of the traditional red, white and blue French revolutionary flag is a strong symbol that identifies all Acadians from the territory or the mother land of colonial days. The Acadian flag was adopted during what was hailed as the Acadian Renaissance, rooted in huge gatherings – les conventions nationales –, national conventions that took place at the end of nineteenth century. At that time, a great deal of the mythology and ideology that we now take for granted was expressed in oratory magnitude and emotional display, and it left an indelible mark on both the diaspora and those living in the original land.

In 1881, an Acadian delegation went to Quebec City where they were invited to adopt Quebec's national symbol, namely June 24 as their national day of Saint-Jean-Baptiste. The Acadians refused and instead organized a convention in Memramcook. Five thousand people attended, five thousand, a huge crowd for the time, and they adopted a national day and a national anthem. In 1884, during the second convention held in Miscouche, Mgr. Marcel-François Richard staged a presentation of a flag already crafted and, in a memorable speech, he convinced the delegates to adopt it as the official Acadian flag. These three national symbols act as unifying, identifying and driving forces for Acadians, whether they are from the diaspora or living within the ancient colonial boundaries.

Z as in Zen

As some of you might know, Zen buddhism is an oriental wisdom that states – to put it in its most basic expression – that all life is suffering, that suffering is caused by desire, and that happiness is possible through the elimination of desire. Compare this to a much quoted line from Maillet's *La Sagouine*, which states that "It is not to have something that makes someone happy, but to know that one day you will get it." A sort of desire for desire that is even more remote than Zen, it seems to me: the mere fact that it is there, that it is possible, and that one day it might be yours.

The Acadian diaspora, like all others, is a space disorder. Acadians have always viewed pre Deportation Acadia as a paradise from which they were expelled for no particular sin. They have joined the American black people, who were brutally removed from the paradise of Africa, in investing in the concept of soul, which I see as an unconscious reservoir of pain, courage and destiny, and which acts as a motivation that has kept the Acadian project alive for the last four hundred years, even through transformation and wanderings.

The project of an Acadian province is probably the last utopia, put forth in the seventies by the now defunct Acadian party. As such, it is probably the only attempt to put an end to the diaspora. It can be associated with the Quebec nationalist project and even though it was adopted at the national convention, held in Edmundston, New Brunswick, in 1979, it remained as a wish of a dream and was soon abandoned by the delegates, who felt they had to conclude the meeting on a high note, yet who did not have a strong enough organization to pursue such an enterprise.

Abécédaire « L'apprentissage au zigzagage »

Ouverture, Congrès de l'ACELF
« La Francophonie : Notre projet de vie », Moncton, 28 septembre 2006

A COMME APPRENTISSAGE

J'enseigne toujours l'histoire de l'art à l'Université de Moncton – un cours par semestre, en fait – et chaque année, je me demande pourquoi les étudiants s'inscrivent à un cours qui ne leur apportera rien d'autre qu'une culture générale accrue, alors que l'information que je m'apprête à leur dispenser se trouve dans toutes les bibliothèques et même dans Internet, et que mon enseignement sera dépassé dans quelques années. Je me pose la question éternelle de savoir ce qu'il est important d'apprendre, et que vaut le fait d'être alphabétisé dans un domaine ou un autre.

Et puis je me dis que l'important, ce n'est pas tellement le *quoi* mais le *comment* de l'opération. Les professeurs, instituteurs et institutrices qui nous ont marqués avaient développé une approche, une pensée, un style ; ils nous ont transmis une passion, leur passion. Et c'est sans doute ce qui me déçoit le plus chez certains de mes élèves : je n'arrive pas à leur transmettre ma passion.

Par ailleurs, nous sommes tous conscients de vivre dans un monde où l'accès à l'information est devenu illimité. Il est impensable de transmettre l'ensemble des connaissances humaines sur un sujet donné ni même d'en faire un résumé acceptable à un auditoire. Les élèves semblent dépassés par la somme de connaissances à absorber. La spécialisation est devenue une solution qui recrute à un âge de plus en plus précoce, grugeant l'espace de rêve – l'enfance et l'adolescence – où l'on prend conscience de la beauté, de l'environnement et de la spiritualité, trois dimensions qui font de nous des êtres humains.

B COMME BILINGUE

Le monde dans lequel nous fonctionnons est un monde où l'anglophonie se fait de plus en plus présente, exerçant une fascination et une séduction qui mènent souvent au métissage – à tel point que plusieurs langues adoptent actuellement diverses stratégies pour garder leur identité et leur spécificité. Notre proximité avec la culture anglophone et le fait que nous ayons accès à la langue anglaise ont souvent été évoqués comme une perturbation de l'élément francophone qui nous identifie.

Ici, au Nouveau-Brunswick, nous en avons un exemple pertinent avec le chiac, qui en inquiète plusieurs, surtout depuis qu'on lui reconnaît les attributs d'une langue et qu'il a gagné ses lettres de noblesse en s'illustrant dans la littérature. La production littéraire en chiac est surtout appréciée par un jeune auditoire, qui y voit une manière de se démarquer sans recourir au français « standard », plus contraignant, de ses aînés.

Mon but ici n'est pas de blâmer les tenants de cette posture linguistique, non plus que les professeurs qui se confrontent à l'enseignement d'un code, la langue française, une entreprise qui me fait parfois penser au latin au moment où les langues vulgaires ont fait leur apparition sur le territoire de l'ancien Empire romain. On sait que les lettrés qui apprenaient le latin s'en servaient alors comme outil du pouvoir. C'est un fait avéré que de moins en moins de gens maîtrisent le code ; le métissage, dans le contexte actuel de mobilité constante des individus et de leurs compétences, semble promis à un grand avenir.

C COMME CONNAISSANCE

Il va sans dire que la transmission des connaissances constitue la fonction première de l'éducateur. Or la somme des connaissances à laquelle nous sommes désormais confrontée est vertigineuse ! Si, autrefois, on pouvait se vanter d'être un génie universel en assimilant, comme Léonard de Vinci, la majeure partie sinon la totalité des productions intellectuelles d'une époque, il y a fort à parier qu'un tel exploit n'est plus du tout envisageable dans les conditions actuelles.

Les théories de la connaissance ont beaucoup évolué d'Aristote à Steiner, mais quelle que soit la manière dont on l'aborde, la connaissance reste une denrée fragile mais durable : une fois acquise, elle revêt une permanence qui lui confère des privilèges que d'autres lui envient. C'est aussi une denrée que l'on peut échanger contre des biens matériels : telle est souvent la volonté de ceux qui s'astreignent à de longues études. En ce sens, la connaissance est une clé qui nous ouvre à d'autres réalités, d'autres modes de vie et d'autres connaissances. Ainsi, on considère certains savoirs comme essentiels et comme gage d'avancement au sein d'une société. Le nombre d'ingénieurs et de médecins que « produit » un État, par exemple, est considéré depuis plusieurs siècles comme un indice d'avancement et de croissance.

La crise des valeurs, la crise spirituelle que nous connaissons de nos jours serait-elle le résultat de cet engouement pour la connaissance au détriment de la réflexion, qui autrefois faisait partie de nos priorités mais qui, de nos jours, semble souvent avoir été mise en veilleuse ? De la même manière, le « succès » semble avoir pris les devants sur le développement de la conscience en matière de but à atteindre.

D comme Discipline

La question de la discipline a toujours été cruciale en éducation, car bien évidemment, sans discipline, on n'accomplit rien. Mais qui dit discipline ne dit pas nécessairement négation de l'initiative, de l'humour ou du droit à la différence. Il fut un temps où la *strap* régnait comme outil de discipline par excellence, et je me souviens de ce temps. De la petite école au collège, on nous faisait beaucoup plus craindre que respecter les maîtres et maîtresses, dont le régime totalitaire voyait à briser les individus pour les reconstruire de toutes pièces et en faire des hommes et des femmes souvent plus craintifs que créatifs.

De nos jours, après une période de laisser-aller disciplinaire dont ma génération a été en grande partie responsable, il m'apparaît important de la redécouvrir et d'en faire une affaire personnelle. Le laisser-aller a donné cours à une attitude que je nommerai « syndrome Sesame Street », où tout doit être *user-friendly* et où l'on conçoit les élèves comme des « enseignés » plutôt que comme des apprentis. Une telle attitude, que je constate de plus en plus fréquemment en milieu universitaire, provient de plus loin dans la formation, et repose sur une philosophie selon laquelle c'est l'éducateur qui performe, et non l'élève. Vous aurez compris que je généralise, mais que cette attitude aussi se généralise. Elle a d'ailleurs donné naissance à la génération du copier-coller et de l'illumination instantanée par Internet.

Je me suis souvent demandé comment faire pour briser ce cercle vicieux, pour responsabiliser les étudiants et les rendre dignes de la liberté qu'ils et elles ne cessent de réclamer. Je me suis aussi demandé s'il ne s'agit pas d'un phénomène de génération. Si, à l'avenir, l'éducation, qui est aussi une entreprise, devra se justifier en termes statistiques plutôt qu'en termes de performance. Comment se réapproprier la discipline pour en faire une valeur de société ? Comment se discipliner soi-même vers l'atteinte d'un but qu'on se sera fixé et qui deviendra notre motivation et notre contribution à la société ?

E comme École

L'école représentait autrefois un milieu dans lequel chacun pouvait retrouver un sens de la famille et un bien-être, choses dont nous nous souvenons désormais avec nostalgie. Une sorte de matrice qui fait penser à *Être et avoir*. Ce film, que certains d'entre vous ont peut-être vu, montre un professeur dans une école isolée, en montagne, qui enseigne toutes les matières et qui fait office à la fois d'éducateur et d'instructeur. Après avoir vu ce film, je me suis souvenu de la petite école où j'ai entrepris mon apprentissage, une école à deux classes où s'entassaient soixante élèves répartis sur huit années, pour deux institutrices. Dans ces conditions, le décrochage scolaire était courant et a donné lieu à des histoires invraisemblables qui font aujourd'hui partie du folklore local.

L'autre jour, je suis allé visiter une école où un instituteur et une institutrice enseignent toutes les matières à une soixantaine d'élèves qui, reliés par ordinateur à un réseau sans fil, peuvent effectuer toutes les recherches imaginables. Même les élèves avec des besoin spéciaux y trouvent leur compte. L'enseignement se fait sur écran géant ; les élèves semblaient fonctionner dans une joyeuse et productive anarchie si différente des écoles d'autrefois où le maître ou la maîtresse présidait, où les pupitres s'alignaient avec précision devant un tableau noir, support de la majeure partie de l'enseignement. Selon les deux enseignants, aucun des élèves n'éprouve de problème de motivation, son instrument – un ordinateur portable – lui permettant de recréer une mini-société virtuelle qui se déplace au gré de ses besoins et des signaux fragiles qui le relient aux autres à toute heure.

Sans doute y a-t-il ici un contraste marqué entre les livres d'autrefois, si lourds à porter, et cet instrument qui bientôt nous connectera au monde entier et créera peut-être l'école sans murs. On nous prédisait autrefois que l'enseignement télévisuel finirait par remplacer l'enseignante ou l'enseignant, et pourtant, les écoles continuent d'exister comme des foyers du savoir. Nos corps encombrants ne semblent pas pouvoir s'accommoder d'écoles complètement dématérialisées. Du moins pas tout de suite.

F comme Francophone

La francophonie constitue une dimension imposante de notre savoir et de notre être au monde. Or, pour beaucoup d'entre nous, elle constitue aussi une dimension de combat, combat qui se fait de plus en plus pressant à mesure que l'expression de notre francophonie s'éloigne d'une certaine norme qualitative. Notre langue maternelle, qui devrait nous être un instrument de réconfort, finit souvent par servir d'indice pour mesurer notre pureté, notre vitalité ou notre rendement. Pour les jeunes, le combat du bien parler finit par être lassant, car on les charge toujours d'une responsabilité dont personne ne veut faire les frais en cas de défaite.

Il me semble qu'au lieu de mettre de l'avant l'idée d'un combat perpétuel, il vaudrait mieux aller dans le sens du *plaisir de la langue*, pour reprendre une expression chère au critique français Roland Barthes. La francophonie, en plus d'être une langue, est une culture qui nous appartient et qui est fort plaisante pour autant qu'on en comprenne les fondements et l'évolution. Il m'apparaît donc important de générer un amour de la langue par amour pour la culture, en faisant la promotion de celle-ci mais aussi en mettant l'accent, non pas sur la notion conflictuelle du combat, mais plutôt sur celle, plus conviviale, du plaisir.

Je sais qu'il y aurait beaucoup à dire sur ce sujet, mais je préfère en rester là car la langue est capable d'exacerber des passion et des croyances qui, comme celles nées de la religion, ont vite fait de dégénérer en conflits insolubles.

G COMME GAGNANT

Nous savons tous que le fait de gagner est un phénomène extrêmement gratifiant et, à moins d'être totalement immergé dans le renoncement, il y a peu d'individus capables de s'en détacher pleinement. Par exemple, en tant qu'enseignant, je suis toujours intrigué, au moment de la distribution des travaux, par la fascination et le regard que posent les étudiants sur les notes. Les chiffres sont devenus une véritable obsession dans la société que nous partageons.

Cette réaction n'est pas innée, mais acquise. Lorsque j'allais à l'école, nous avions un système d'autocollants dont la hiérarchie des valeur allait de l'étoile à l'ange, puis aux anges de plus en plus grands, pour atteindre l'apothéose avec l'image sainte. L'autre jour, à Montréal, ma petite-fille était toute fière de me montrer l'autocollant qu'elle avait reçu et qu'on lui avait appliqué sur le bras. Ce phénomène, de gagner symboliquement, se manifeste aussi ailleurs, comme dans le fait de gagner de l'argent pour l'accomplissement des tâches domestiques, ce qui fait entrer les jeunes dans un système de récompense où l'intérêt pour le travail cède sa place à l'intérêt pour le salaire qu'on en retire.

L'école nous habitue-t-elle à un climat de compétition ? Nous inscrit-elle dans une course dont chacun sait qu'il n'y aura pas de gagnant ? Peut-on envisager un monde où la contribution des gens serait appréciée en tant que telle ? On sait pourtant fort bien qu'il y a des principes impossibles à quantifier. Or il se trouve qu'ils sont souvent considérés comme superflus alors qu'ils sont l'essence même de nos vies. C'est ainsi qu'il est impossible de mesurer le bonheur, la paix, la conscience, l'amour ou la beauté. Voilà sans doute la raison pour laquelle il règne une grande incompétence en matière d'affirmation de ces principes, incompétence qui rejaillit sur l'ensemble de la société. Nous en sommes à la fois les victimes et, malheureusement, les répondants.

H comme Humanité

L'*humanité* est cette disposition qui nous relie tous dans un vaste programme commun : en son nom, nous essayons d'élaborer des stratégies qui nous permettront de réaliser ce que toutes les religions, les philosophies, les sagesses, les connaissances et les communications n'ont pas réussi à implanter de manière définitive. L'école joue en ce sens un rôle important, car elle permet de corriger des trajectoires, de mettre en place des jalons et de générer une conscience qui dépasse le simple souhait commun.

Au chapitre de l'humanité, l'expression « savoir-vivre » m'a toujours fascinée par l'ampleur du projet qu'elle sous-tend. Car pour savoir vivre, il faut apprendre à vivre, et cet apprentissage a lieu, je suppose, à « l'école de la vie » – autre expression plutôt surprenante : voilà une école dont on ne sortira jamais ! L'idée géniale derrière cette expression, c'est qu'il faut savoir reconnaître les leçons de la vie et pouvoir les appliquer. Mais il semble que notre distraction élémentaire fasse en sorte que nous oubliions ces leçons et que nous passions à côté de bien des choses essentielles à notre bien-être commun.

I comme Identité

Le concept d'*identité* fait écho à une question bien simple, celle de savoir qui nous sommes. Dans l'acronyme ACELF, il y a déjà plusieurs identités : celle d'une association, celle d'éducateurs, celle d'un groupe préoccupé par son appartenance à la Francophonie. Ce sont là des identités qui peuvent être accessoires ou fondamentales, mais il reste que nous en partageons aussi plusieurs autres tout aussi importantes. Le fait d'être un homme ou une femme, d'avoir la peau d'une certaine couleur, de vivre en Amérique du Nord, d'être propriétaire de telle marque de voiture, d'écrire sur un Mac, de porter telle couleur de vêtement, voilà autant d'attributs plus ou moins évidents qui nous rattachent à un groupe particulier, auquel on s'identifie.

Tout ça pour dire que le concept d'identité devient de plus en plus flou et de plus en plus permutant. Rajoutez à ça la mondialisation des économies et bientôt de la culture, et vous aurez un portrait encore plus clair de l'interrogation qu'éprouveront les générations futures quand on leur demandera de se présenter. Se présenter, s'identifier, implique un exercice de sélection que nous avons déjà de la difficulté à exécuter. Il y a chez les jeunes, surtout, un mouvement grandissant de résistance au fait de se présenter en termes définis.

Je me suis souvent demandé pourquoi les sociétés avaient tant investi dans des idées comme l'identité ou le progrès, qui sont nées des sciences mais qui désormais ne correspondent peut-être plus à notre réalité.

Vous avez trente minutes pour traiter de ce sujet et je ramasserai les copies à la fin du cours.

J COMME JEUNE

Un nouveau concept a présentement cours et frappe surtout la génération des boomers, dont je suis : celui du jeunisme, c'est-à-dire le désir, peut-être plus que la volonté, d'être jeune à tout prix. Bien sûr, ce désir a toujours existé, mais il est désormais palpable au point de faire partie de la langue courante. Reste que la jeunesse constitue un idéal souvent à l'opposé de la sagesse, et qu'il y a entre ces deux idéaux une méfiance quasi légendaire.

J'ai conçu, pour la télévision, une série d'émissions qui a pour titre *Les trésors vivants*. Le titre fait référence à la sagesse, car cette dimension, peut-être en raison de mon âge, m'intrigue beaucoup plus que la jeunesse, que je ne pourrai jamais revivre. Le fondement de cette série d'émissions consiste à faire dire aux invités ce qu'ils ont appris de la vie. J'ai toujours trouvé assez étrange de voir les enseignants partir à la retraite au moment où ils atteignent à la sagesse. À mes yeux, il s'agit d'une forme de maîtrise qui permet davantage d'indulgence et procure une meilleure assurance devant le vécu.

K COMME KILOOCTET

Le premier ordinateur que je me suis acheté était le premier Mac Plus. En 1984. Il fonctionnait à partir de disquettes dures de cinq cent douze octets, dont la moitié servait à copier le logiciel et qui ne permettaient pas de sauvegarder des fichiers dépassant les douze pages à double interligne. Quelques années plus tard, je me souviens d'avoir rencontré un enseignant dans une école où je donnais des ateliers d'écriture, qui m'avait prédit que bientôt, on disposerait de machines super-performantes dont la mémoire se mesurerait en kilooctets. Puis vinrent les mégaoctets puis les gigaoctets, et ainsi de suite jusqu'à la reconnaissance vocale, l'intelligence artificielle et quoi d'autre encore.

À bien des égards, le fait que ces machines sont de plus en plus performantes a modifié l'attitude des utilisateurs. Désormais, nous n'avons pas besoin de planifier quoi que ce soit, car il est plus facile de travailler sur un modèle existant en ayant seulement une vague idée de ce que nous souhaitons créer. De la même manière, l'immense potentiel d'information à notre portée nous permet de nous approprier des connaissances déjà existantes. D'où le copier-coller et les citations empruntées. Les formes d'art deviennent alors de simples matériaux à utiliser comme s'ils nous appartenaient.

Il fut un temps où l'on enseignait l'attribution des œuvres, le respect de la propriété intellectuelle et l'origine des concepts. Maintenant, il semble que nous soyons face à un magma. Le passé, même récent, s'affiche au présent dans le domaine public. Pendant ce temps, il semble que la mémoire humaine diminue ou s'atrophie sous l'effet de la prothèse – l'ordinateur – que nous avons inventée pour la renflouer et qui s'est retournée contre nous pour nous isoler et nous déshumaniser. À suivre...

L comme Lecture

J'ai fait de l'alphabétisation l'une des trois priorités de mon mandat de lieutenant-gouverneur, les deux autres étant la culture et les Premières Nations. Mais j'ai l'impression qu'elles se rejoignent toutes quelque part sous le chapeau de la culture, une notion complexe qu'il est ardu de définir car elle oscille entre l'identité et l'expression artistique.

Pour en revenir à l'alphabétisation, il faut voir que la lecture lui est étroitement liée. La lecture constitue la seule école d'écriture. Et je suis d'avis, comme plusieurs, qu'elle demeure l'une des grandes portes de l'imaginaire. Comme l'a si bien dit Marshall McLuhan, la lecture est un médium *hot*, c'est-à-dire qu'elle stimule l'imaginaire, par opposition à la télévision, médium *cool*, qui ralentit l'imaginaire. Je n'ai pas besoin de vous faire le portrait pénible, pour l'écrivain que je suis, de la lecture au moment où elle perd du terrain devant les écrans de toutes sortes qui se dressent comme la contrepartie de la lecture, activité silencieuse et quasi méditative.

Je fais souvent la visite d'écoles dans le but de promouvoir la lecture en tant qu'activité non pas réservée aux filles mais où même les gars peuvent trouver leur compte. Je me souviens d'avoir fait une lecture dans une école intermédiaire en compagnie d'un policier, qui lisait des poèmes vêtu de son uniforme, fusil et gilet pare-balles compris. Une image assurément macho ! Si les gars, cette fois-là, n'ont pas saisi le message que la lecture les concerne autant que les filles, je me demande ce qui pourra bien les convaincre.

M comme Maison

L'école constitue un espace mitoyen, un passage de l'espace intime, clos, maternel et chaleureux de la maison vers un premier échelon où l'enfant appréhende la société, se mesure à elle et s'y intègre. Bien sûr, au niveau du quoi et du pourquoi, les choses se passent assez bien. L'école est obligatoire, et son rôle définitoire et promoteur des valeurs d'une société est indéniable. Comme partout ailleurs, c'est dans le comment que les choses se compliquent, car c'est un élément changeant en termes de valeurs et de priorités.

Il est bien évident que si vous êtes issus d'une famille où la lecture est valorisée, où les besoins sociaux sont satisfaits et où l'éducation est un projet qui va de soi, votre intégration scolaire devrait se faire de manière assez harmonieuse. Autrement, votre situation scolaire peut refléter une condition sociale dont il deviendra difficile de vous extraire. Dans les deux cas, il faut véritablement se faire violence pour se détacher d'un milieu et s'intégrer à un autre.

Nous étions trente-trois en première année, à Saint-Simon, où je suis né, dans la Péninsule Acadienne. Nous étions trois finissants douze ans plus tard. Les autres étaient peut-être moins convaincus que nous, mais une grande partie de mon intérêt pour les études m'avait été transmis par mes parents qui, même en étant analphabètes, avaient compris la valeur de l'éducation et voyaient inconsciemment l'école comme un espoir de redéfinir et d'agrandir notre maison, personnelle et collective, pour qu'elle nous soit confortable, rassurante et prometteuse.

N comme Nombres

Les chiffres ont toujours constitué un élément important de notre perception, et ce, de manière peut-être plus pertinente de nos jours, où nous subissons les effets démagogiques d'une vision comptable du monde. Bien sûr, les chiffres ont toujours exercé un attrait et une véritable obsession dans le milieu de l'éducation. C'est un fait que nous y apprenons à compter bien avant de savoir lire ; de nos jours, nous avons même appris à numériser notre savoir pour le rendre plus accessible, plus efficace et plus économe. Sans doute est-il trop tôt pour mesurer l'impact des ordinateurs sur nos vies, et trop délicat de les juger de manière sévère, étant donné tous les services qu'ils nous rendent.

Je travaille depuis plusieurs années à un livre où je note les chiffres qui retiennent mon attention au quotidien. C'est un travail que j'abandonne assez souvent, mais c'est un projet qui tient compte de ma fascination pour les nombres, omniprésents dans tous les domaines. À titre d'exemple, ce sondage de l'OCDE (Organisation de coopération et de développement économiques) effectué auprès de personnes âgées de seize à soixante-cinq ans, qui place le Canada au troisième rang mondial pour la compréhension de textes suivis, pour la compréhension de textes schématiques et pour la numératie, et au quatrième rang pour la résolution de problèmes.

En éducation, les chiffres demeurent toujours synonymes de performance, que ce soit pour évaluer les élèves ou les enseignants. Il semble impossible de s'en défaire, comme l'indique le débat perpétuel autour de la notation scolaire – devrait-on accorder une note sous forme de chiffre ou sous forme de lettre ? – sur les bulletins, au Québec.

O comme Ordinateur

Il est étrange de constater que l'apparition de cette prothèse coïncide avec une certaine perte de mémoire, voire un certain désintérêt pour la mémoire. Ceci n'a rien de nouveau puisqu'en général, l'invention des prothèses technologiques qui font partie de nos vies (photographie, téléphonie, radiodiffusion, etc.) a eu pour effet d'atrophier nos sens, nos émotions. J'ai eu, autrefois, une institutrice qui nous forçait le vendredi à apprendre par cœur l'Évangile du dimanche suivant. Je n'ai jamais oublié les Évangiles ni le rythme particulier de ces textes, qui ont même influé sur ma manière d'écrire et de construire mes phrases. À cette époque pré-photocopieur et préInternet, la mémoire humaine constituait encore une méthode fiable – quoique primitive – de stocker l'information. Il en va autrement de nos jours, où je me sens souvent dépassé par le savoir-faire de ceux qui sont nés avec ces prothèses.

Les ordinateurs, bien qu'ils confèrent une dimension très sophistiquée à l'apprentissage, sont aussi des machines fragiles. Leur propriété de permuter et de se spécialiser rend leur performance future hasardeuse et incertaine. À cela s'ajoute une fétichisation qui en fait des outils que l'on identifie à la modernité, qui nous donnent la sensation d'habiter pleinement notre siècle. Se pose de plus en plus le choix d'habiter notre époque ou d'habiter notre corps, considérant que lui aussi s'atrophie devant la puissance croissante de machines de toutes sortes. C'est le cas de la mémoire, autrefois une sorte de référence, et qui ne sert plus désormais qu'à nous rappeler où nous avons classé tel ou tel dossier ou comment effectuer telle ou telle opération sur ces machines, qui se sont donné comme projet de nous remplacer.

P comme Pomme

De nos jours, l'image de la pomme sur le pupitre est plutôt d'ordre folklorique alors que les enseignants font face, de plus en plus, à des menaces corporelles, à des insultes et à un manque de respect. Ces périls ont généré chez moi une grande admiration pour cette profession, que j'ai brièvement pratiquée au début des années soixante-dix. Mes élèves n'étaient ni meilleurs ni pires que les autres, je suppose, mais l'exigence de cette profession, ses nombreuses contraintes, et l'immense responsabilité qu'elle entraîne m'ont convaincu de m'en retirer prématurément. Et cette retraite aura sans doute été bénéfique aux élèves autant qu'à la profession.

Q comme Question

Question et réponse : mécanisme qui a depuis toujours constitué la base d'un contrat commun, avec la mémoire comme force motrice. Toute question suppose un rapport de force. On peut d'ailleurs « remettre les choses en question », comme les tribunaux peuvent soumettre les accusés « à la question ». Le mécanisme question-réponse demeure sans doute le plus couramment utilisé pour évaluer l'apprentissage. C'est un mécanisme que les élèves affectionnent particulièrement, du moins si je me fie aux lamentations que m'adressent mes étudiants quand je leur pose une question à développement au lieu d'une question à choix multiples, où ils n'auraient qu'à réagir au lieu de réfléchir.

Je me suis demandé pour quelle raison il semble aujourd'hui si pénible aux étudiants de développer une idée. D'ailleurs, le discours fragmenté que je suis en train de vous livrer pourrait fort bien correspondre à cet état de fait. J'ai l'intuition que notre perception est en train de changer, maintenant que l'information nous parvient en capsules de plus en plus condensées. Il est encore trop tôt pour mesurer les conséquences de ce morcellement, mais il est déjà apparent dans les médias, qui influencent de plus en plus la formation de notre pensée et de notre perception.

R COMME *RATE MY TEACHER*

Il existe désormais un site Web où l'on peut faire des commentaires sur les enseignants. En fait, le site était en construction lorsque j'y suis allé : les noms d'écoles que j'y ai inscrit n'étaient heureusement pas encore répertoriés, et on me demandait plutôt de le faire, question d'enclencher le mouvement. Ce que je n'ai pas fait, cela va de soi, car l'entreprise me semble des plus discutables. En fait, sur un autre site qui fait l'évaluation de *Rate My Teacher*, la plupart des répondants sont d'avis que le site attire surtout les élèves qui ont un différend à régler, qui s'en donnent à cœur joie, souvent sous pseudonyme, ce qui nuira aux enseignants visés.

Certains d'entre vous sont peut-être au courant de la controverse qui a pris naissance à l'Université de Moncton, où des étudiants ont demandé que soient publiés les résultats annuels d'évaluation des professeurs, jusque-là confidentiels. Il me semble que ce serait bien la première fois, et peut-être la première profession que l'on demande aux « clients » d'évaluer. Il y a, c'est certain, des abus en tout, mais je me demande quand même les raisons d'un tel contrôle dans le milieu de l'éducation. J'ai aussi remarqué que ce sont souvent ceux, parmi les élèves, qui font porter aux professeurs l'odieux de leur échec ou de leur désintérêt qui se montrent les plus critiques et les plus mesquins quand vient l'heure des évaluations. Dans de telles conditions, l'enseignant serait-il devenu une sorte de relationniste qui doit veiller à soigner son image autant, sinon plus, que son enseignement ?

S comme Spiritualité

L'école prépare à la société. C'est une notion connue et c'est presque devenu une maxime. Il faut voir cependant de quelle société il s'agit, car celle-ci évolue dans le temps. Nous ne vivons pas aujourd'hui en fonction des mêmes valeurs que les gens du dix-neuvième siècle, et l'école évolue également en fonction du milieu dans lequel elle opère. Cela dit, il serait intéressant de se demander ce qu'on attend de l'école, et de son extension, l'université. Il y a ceux qui prétendent qu'il faut donner les outils, d'autres qu'il faut transmettre les savoirs essentiels, d'autres qu'il faut favoriser une ouverture intellectuelle, d'autres qu'il faut en faire le foyer d'une réflexion qui se prolongera dans une quête spirituelle, etc.

L'école essaie d'offrir toutes ces options. Et comme elle adopte une approche plutôt généraliste, elle tend à donner un avant-goût à l'élève de ses propres quêtes ou de son propre champ d'intérêt principal. On se spécialise aussi à un âge de plus en plus précoce. L'école, à l'image du savoir et de la société – qui sont devenus des agglomérations de spécialités –, ira peut-être un jour en ce sens. Après tout, il y a des parents qui font jouer du Mozart dans la chambre de leur bébé en espérant qu'un jour il deviendra lui aussi un compositeur génial, du moins un musicien talentueux ou un mélomane accompli.

T comme Taxage

Nous avons pris connaissance il y a quelques semaines d'un événement qui nous a tous consternés, et qui serait en grande partie dû au taxage. Il s'agit, comme vous le savez, de la fusillade au Collège Dawson. Cet événement n'est pas unique puisque le taxage et les fusillades se produisent à répétition ailleurs dans le monde, et souvent dans les mêmes conditions. Je me rends compte de plus en plus à quel point les parents craignent le taxage et ses sinistres dérivés. Comme les enfants ne sont pas tous exposés aux mêmes défis ou aux mêmes conditions de vie, certains tirent naturellement avantage de leur assurance, de leur impatience ou de leur insécurité pour régler leurs comptes avec la société au moyen du taxage.

L'absence d'empathie ou de compassion dont font preuve les taxeurs trouverait selon plusieurs son origine dans la violence véhiculée par la musique, la télévision et le climat d'hostilité sur la scène internationale, dont les guerres au Moyen-Orient sont un exemple. L'école, comme microcosme social, agit comme un théâtre des opérations ou comme un lieu de résolution des conflits. Ce qui s'y déroule a et aura un impact définitif à court ou à long terme sur notre avenir.

Je suis d'avis qu'il faudrait développer une sorte d'élixir, administré en bas âge comme les vaccins, qui aurait pour effet de développer les réflexes de l'empathie et de la compassion. Bien sûr, cette formule ne serait pas de celles que l'on injecte ou que l'on ingère sous forme de pilules, mais elle aurait les mêmes effets. Il y a plusieurs maladies qui attendent un remède, et le taxage est assurément une de celles-là. Est-il nécessaire de rappeler que le principe du vaccin consiste à injecter les germes de la maladie en faible quantité de manière à habituer le corps à y faire face lorsque la vraie maladie se présente.

U comme Uniforme

On a souvent critiqué l'école pour sa propension à uniformiser et à standardiser les esprits dans un mouvement qui rappelait la fabrication de produits identiques et approuvés selon des mesures rigides et sévères. Guy Arsenault, un des écrivains acadiens les plus influents de sa génération, en subira les conséquences pour avoir écrit le poème *Nouvelle politique d'école*, écrit alors qu'il avait seize ans seulement, et dans lequel il dénonce cet état de fait.

Dans tout processus d'uniformisation, il y a des zones grises difficiles à évaluer. C'est le cas de tout ce qui touche au côté droit du cerveau, même si cette théorie se voit fortement contestée de nos jours. Depuis la Renaissance, il semble qu'il y ait une division entre la science – une activité qui offre des résultats quantifiables – et d'autres activités, dont l'art par exemple, qui proposent un discours aux éléments difficilement mesurables. Les sports peuvent s'inscrire dans la même catégorie que les sciences, tandis que l'art se voit souvent déconsidéré parce qu'il s'inscrit dans la catégorie des disciplines difficiles à évaluer. C'est un peu dans cet esprit que j'ai créé un prix destiné principalement aux jeunes de douze à dix-huit ans qui s'illustrent dans tous les domaines, mais aussi et peut-être surtout dans des domaines autres que ceux traditionnellement récompensés, que ce soit par l'école ou les sports.

V COMME VISION

Entre une école qui prépare à une société utopique et celle qui prépare à la réalité, il y a un monde. Je me suis souvent demandé si l'école ne serait pas un lieu où l'on renforce des stéréotypes et où l'on adopte des positions morales qui se transformeront plus tard en jugements de valeur ou en préjugés.

Je me souviendrai toujours de cette lettre d'une étudiante de la Polyvalente Mathieu-Martin, à Dieppe, publiée dans l'*Acadie Nouvelle* au moment où une vague de suicides avait frappé cette institution. L'auteure demandait que l'école devienne un foyer de réflexion et d'ouverture au niveau spirituel. La dimension spirituelle, de nos jours, ne se limite pas à la religion mais recouvre des domaines tels que l'art et tout ce qui permet de donner un sens à la vie. C'est une dimension souvent censurée, qui fait de certaines écoles des milieux fermés, notamment à l'art, qui, par sa nature, est un moteur de changement. L'art doit se faire conformiste s'il veut accéder au statut de discipline scolaire ; il risque pourtant ainsi de perdre son caractère provocant et dynamique qui nous porte à la réflexion et à de véritables échanges.

W COMME WALKMAN

Le Walkman (marque déposée désignant un baladeur ou magnétocassette de poche) est le premier appareil qui a permis aux êtres humains, jeunes surtout, de s'exclure des rapports sociaux pour se complaire dans une sorte d'autisme dont il reste encore à évaluer les conséquences.

Ce phénomène s'est produit à la fin du vingtième et au début du vingt-et-unième siècle, surtout dans les pays industrialisés, qui faisaient alors face à une recrudescence de la violence et à une sorte d'individualisme né d'un long isolement (la guerre froide?), qui les avait fait se retirer en eux-mêmes au lieu de s'investir dans la recherche d'un projet commun.

Il reste à établir avec exactitude le lien entre l'isolement et l'individualisme qui se développera par la suite dans ces sociétés, chez les jeunes surtout, si l'on souhaite prédire la suite de cette tendance au somnambulisme.

X COMME X

Le *X* est une lettre possédant une forte personnalité car il a désigné plusieurs concepts. En chiffres romains, il signifie dix. C'est aussi la lettre de l'anonymat : Monsieur (ou Madame) X. C'est aussi la lettre de la censure : un film X est un film pornographique. Il y aussi les rayons X, le chromosome X, et l'inconnue x, vedette de l'algèbre, une matière avec laquelle j'ai toujours entretenu des rapports difficiles.

C'est aussi, et surtout, la lettre dont on se sert pour annuler un choix ou souligner l'erreur sur les travaux scolaires, tandis que le C, de mon temps du moins, signifiait la rectitude. Le *X*, en ce sens, en est venu à incarner la faute, celle qu'il fallait recopier dix fois dans le cahier de dictée. Ordinairement de couleur rouge, il était alors très mal vu d'avoir des rédactions trop saignantes.

On pourrait débattre longtemps des concepts de la faute, de l'erreur et du mal en général. Il suffit peut-être de se rappeler que le bien ouvrait la porte à la parole, à l'élocution et aux autres bienfaits dont nous étions souvent exclus ; nous en sommes venus à croire que nous parlions mal, écrivions mal, selon une logique qui nous portait à nous taire. Je me suis souvent demandé si notre « incompétence » n'avait pas entraîné notre silence collectif, un silence qui guette et dont plusieurs font toujours les frais.

Y comme Yin

Cette entrée aurait tout aussi bien pu porter sur le yang – la dimension orientale associée au masculin –, qui forme l'autre partie du tandem. Mais le yin me semblait plus approprié en ce qui a trait à l'éducation, car l'enseignement est une profession qui se féminise de plus en plus.

Tous les ans, depuis le début de mon mandat de lieutenant-gouverneur, je me suis fait un devoir d'assister à toutes les cérémonies de remise de diplômes des universités du Nouveau-Brunswick. Lorsque les doyens des facultés d'éducation se présentent au podium, je vois immanquablement se lever tout un contingent de femmes qui s'avancent pour recevoir le parchemin qui leur permettra de prendre le relais.

Dans mes nombreuses visites aux écoles de la province, je me suis souvent rendu compte de cette prévalence et du fait que les hommes se font plus nombreux à mesure que l'on monte dans les échelons de la profession, jusqu'au niveau universitaire. Là, on recrute désormais des femmes en fonction de quotas, ce qui ne fait pas l'unanimité, mais qui semble être la seule solution à une problématique de genre. Peut-être y aurait-il lieu de recourir à une politique semblable dans les écoles primaires, mais dans un mouvement à contre-courant : on verrait alors à équilibrer le yin et le yang en établissant un quota d'hommes à embaucher.

Z comme Zigzagage

La lettre *Z*, pour une raison ou pour une autre, a donné de l'élan à un certain nombre de concepts associés au désordre. On pourrait évoquer le *zigzagage* mais aussi le *zigonnage* ou le *zigouillage*. On pourrait aussi y adjoindre le *zapping*, emprunt nouvellement admis dans le dictionnaire, qui désigne une sorte de quête inconsciente, une recherche brouillonne pour trouver quelque chose qui nous intéresserait, qui nous interpellerait.

Zigzaguer, c'est un peu s'adapter à toutes les situations, mais de manière impulsive. C'est un peu ce qui risque de se produire dans l'avenir nébuleux et imprévisible de la transmission et de l'acquisition de la connaissance. Pour ceux qui y participent ou qui s'y intéressent, c'est une aventure passionnante à laquelle les humains contribuent depuis toujours.

Pour s'adapter, il paraît donc important de fonctionner non pas en ligne droite comme ce fut le cas autrefois, mais de naviguer, de dériver, de zigzaguer. Car il y a plusieurs manières de se rendre au même endroit ; le tout consiste à en reconnaître les repères et les indices, et à savoir s'adapter. C'est ainsi que naissent les idées de génie, celles dont on dit qu'il « suffisait d'y penser », celles dont je vous souhaite un grand nombre au cours du présent colloque, et le courage de leur donner suite et longévité.

Abécédaire « L'idée de l'Acadie »

Colloque L'Acadie dans tous ses défis,
Congrès mondial acadien, Edmunston, 12 août 2014

A COMME ARTS

A comme Arts, mais aussi comme Acadie et ici comme Abécédaire, puisque c'est la forme que j'ai choisie pour présenter cette conférence sur un mode plutôt fragmenté, imprévisible et aléatoire – mais aussi, je l'espère, ludique, philosophique et idéologique, le registre du *-ique*, quoi ! Le titre *L'idée de l'Acadie* fait référence à une dimension qui correspond à une vision et à une réflexion provenant surtout de ma fréquentation d'un monde, celui de l'art qui, depuis bientôt cinquante ans, aura fait les frais de ma contribution à la société acadienne. « L'idée de l'Acadie », c'est donc de revoir le concept même de l'expression et de l'existence de l'Acadie tel qu'exprimé dans les arts, bien sûr, mais c'est surtout une prospection des idées qui ont cours et qui, contrairement aux croyances ou aux dogmes, sont là pour être débattues. Tout débat d'idées risque d'irriter au passage – c'est ce qui lui confère son intérêt et sa nécessité – et l'Acadie s'en est souvent privée ou en a souvent été privée.

Consolez-vous : ceci n'est pas un bilan mais plutôt une reconnaissance des repères, des jalons, des piquets plantés dans le champ ; il faudrait certes élaborer afin de nuancer et de détailler les notions qui seront abordées dans les prochaines minutes.

B comme Bilingue

Le bilinguisme, pour reprendre l'image de l'écrivain Jacques Godbout, a fait de nous des veaux à deux têtes, un animal qui n'a jamais vécu très longtemps et dont l'existence même est fortement contestée. En Acadie, cela a produit des œuvres hybrides à l'existence tout autant éphémère que problématique. Oui, *C'est nice de parler des deux manières,* pour reprendre le titre du film de Denis Godin, projet qui pourrait se résumer par la phrase d'Antonine Maillet : « Oui, c'est bien de parler deux langues mais pas en même temps. »

Depuis plusieurs années déjà, l'Acadie entretient avec la langue des rapports souvent tendus, qui vont de l'assimilation au français normatif. Mais l'un des débats les plus controversés gravite sans doute autour du chiac, dont l'utilisation en littérature a d'abord été vue comme une provocation, avant de faire place à la résignation, après quoi on a dû conclure à un état de fait. Nous ne changerons pas le chiac, nous allons vivre avec et même applaudir, parfois à contrecœur, sa récente notoriété. Cet engouement pour le chiac nous a ramené dans une position que je qualifierais d'*exotique*, position souvent utilisée pour qualifier une certaine idée de l'Acadie.

Reste que la langue, dans le meilleur des cas, demeure un véhicule de la pensée et non l'inverse. L'improvisation langagière du chiac, au même titre que l'obsession du vieux français dont nous sortons à peine, ne doivent jamais nous faire oublier que nous avons quelque chose à dire, et que nous tenons à être entendus le plus loin possible et au plus clair de nos moyens.

C comme Conflit

Le conflit est une situation que les Acadiens ont su éviter, peut-être par stratégie, peut-être par crainte de déplaire, peut-être par volonté de mettre de l'avant une harmonie qui s'avère souvent factice et complaisante. Je crois que notre aversion pour le conflit explique peut-être que nous n'ayons pas créé de grandes figures mythiques, hormis Évangéline ou la Sagouine. Et même là, dans les pérégrinations défaitistes d'Évangéline et la résignation misérabiliste de la Sagouine, il n'y a pas de véritable confrontation qui donnerait à penser que nous avons résisté, que nous résistons, autrement que par cet enfermement, cet isolement qui dure depuis si longtemps que nous ne trouvons peut-être plus le moyen de mobiliser notre énergie ou, quand il le faut, notre agressivité, pour en sortir.

Il est intéressant de constater que, peut-être par manque de confiance, nous avons investi le passé et le réel. Le folklore et l'histoire sont devenus nos sources d'inspiration et de validation. Nous ne savons pas mentir ni créer de modèles virtuels : cela se vérifie au théâtre, au cinéma, en littérature ou en peinture.

Dans un autre ordre d'idées, je me suis souvent demandé si cette esquive devant le débat, devant le conflit, ne fonderait pas notre peu d'intérêt à investir le monde de la fiction. Car c'est un fait que la manière dont nous triomphons de nos embûches génère un intérêt autrement plus prenant que les enjeux linguistiques qui nous mobilisent de l'intérieur comme de l'extérieur de l'Acadie. Pour reprendre les mots de Mathieu Wade, il est peut-être temps de mettre de côté nos débats linguistiques pour se concentrer sur le propos. Avons-nous, comme artiste ou comme collectivité, quelque chose à dire ?

D comme Discours

Je considère le discours comme un élément de la plus haute importance dans l'évolution de la pratique artistique et dans le monde des idées.

En Acadie, ce sont les artistes, la plupart du temps, qui élaborent, pour ne pas dire improvisent, un discours destiné à la présentation de leur démarche, activité plutôt complaisante mais qui donne quand même un éclairage sur des œuvres plus ou moins déroutantes. L'explication de la démarche a pour effet de pallier une lacune, mais ne procure pas au public la distance suffisante pour mettre les œuvres en perspective avant de les commenter ou de les critiquer.

En Acadie, le discours critique est pratiquement inexistant. Le discours le plus conséquent et le mieux articulé demeure le discours académique, qui, en majeure partie, gravite autour de la littérature, mais dont le lectorat demeure très réduit. Qu'en est-il des autres formes d'art ?

Il y a, c'est certain, des comptes rendus dans les journaux, des reportages à la radio et à la télévision, des présentations plus ou moins formelles d'événements divers. Mais ces formes de discours sont la plupart du temps d'ordre factuel et ne procèdent d'aucune analyse : elles ont pour fonction de tenir compte de la tenue de l'événement.

Aussi, il devient de plus en plus difficile de tenir un discours, difficulté accrue dans un milieu aussi limité que l'Acadie, où tout intervenant est facilement repérable et attaquable. Cette promiscuité engendre des situations malaisées et rend souvent impossible la distance nécessaire au discours.

E COMME ESPACES

Une œuvre d'art est d'abord et avant tout un acte de communication, chose que l'on a souvent tendance à oublier. Les différents registres qu'emprunte l'art sont autant de langues qu'il nous faut apprendre à décoder pour établir avec les œuvres une conversation. Déchiffrer une œuvre nous fera alors le même effet qu'avoir accès à une culture étrangère à travers sa langue.

En Acadie, l'art oscille présentement entre une fétichisation du passé et une inquiétude moderniste ; entre une identité définie et cristallisée dans la mythologie de la déportation et une identité plus universelle et fragmentée où nous voudrions nous inscrire ; entre l'expression triomphaliste de la survivance et la définition malaisée d'une société à rassembler ; entre un clin d'œil réconfortant au bon vieux temps et un regard complexe vers un avenir à inventer. La communication par l'art est écartelée entre deux visions du monde, qui se confrontent au Congrès mondial acadien de la façon la plus manifeste.

En Acadie, la modernité est un phénomène datant d'à peine cinquante ans. Elle coïncide sûrement avec la fondation de l'Université de Moncton, qui fut sans contredit un événement perturbant dont nous, comme artistes, vivons les nombreuses contradictions. Comment établir de nouvelles lignes de communication afin de « faire société », pour reprendre l'expression du sociologue Joseph-Yvon Thériault ?

F COMME FIERTÉ

La formation musicale 1755 termine ses spectacles par les mots « Prenez garde à vous autres et soyez fiers de qui vous êtes ! » La fierté est au cœur même de l'idéologie acadienne, car on estime qu'un individu fier saura affirmer ses idées, défendre son identité et réclamer le respect auquel il a droit. Sauf que la fierté, à la longue, est devenue une sorte de proclamation basée sur le simple fait d'exister. Une idée qui fait son chemin : on est fier d'être Acadien comme on pourrait être fier d'être Chinois ou Italien ; on est fier d'appartenir à la « grande famille » de l'Acadie. Cela ne veut pas dire grand-chose, car les êtres humains sont habituellement plus créatifs quand ils sont fiers de ce qu'ils font, ou ont fait, que de ce qu'ils sont, ou ont été, cette dernière proposition procédant davantage du destin, destin auquel nous ne pouvons échapper.

En ce qui a trait à la culture acadienne, j'estime que la promotion de la fierté nous a été néfaste, car trop souvent cela nous dispense du devoir de nous investir comme artiste ou comme public, ou dans un travail qui nous appartient et dont nous serions les protagonistes ou les endosseurs. Oui, je suis fier de la modeste contribution que nous avons faite, mais la fierté ne devrait pas se limiter au fait de participer au Tintamarre, de connaître par cœur les paroles de l'hymne national ou d'apposer un autocollant bleu, blanc, rouge sur le parechoc de notre voiture.

L'écrivain noir américain James Baldwin avait à ce sujet une expression assez éloquente : « *Black is not enough* ». De la même manière, être Acadien, ce n'est pas assez. Il faut aussi en faire une culture. Et ça, c'est plus compliqué : ça demande plus d'effort et d'énergie qu'être « sur le party » le soir du 15 août.

G COMME GÉNÉRATION

Il y a désormais en Acadie quatre générations d'artistes que le public peut situer sans mal dans l'histoire de l'art, puisque leurs pratiques respectives s'inscrivent dans des mouvements artistiques distincts. La plupart ont étudié à l'Université de Moncton. Ces quatre générations se sont démarquées l'une de l'autre sur le plan de l'idéologie.

Pour la première génération, parmi laquelle on compte Antonine Maillet, Roméo Savoie, Claude Roussel, Viola Léger et Léonard Forest, l'Acadie est un mystère que l'artiste s'applique à élucider. Une telle attitude peut se prêter à la fabrication d'une mythologie, l'artiste agissant en démiurge qui transforme en art tout ce qu'il touche.

Quant à la deuxième génération, la mienne, mais aussi celle de Serge Patrice Thibodeau, d'Yvon Gallant, Marcia Babineau, Jules Boudreau, France Daigle et du groupe 1755, pour ne nommer que ceux-là – car le nombre d'artistes est désormais exponentiel –, l'Acadie est une réalité que l'on doit nommer ou articuler.

Pour la troisième génération, celle de Paul Bossé, Pascal Lejeune, Mélanie Léger, Emma Haché, Renée Blanchar et Mario Doucette, l'Acadie est une chose curieuse, parfois merveilleuse, souvent drôle et dont la dimension insolite ou loufoque n'a pas fini de nous étonner.

Enfin, pour la nouvelle génération – encore plus difficile à circonscrire –, celle de Rémi Belliveau, Jonathan Roy, Ludger Beaulieu, Julien Cadieux et Lisa LeBlanc, l'Acadie est un projet pluriel. Plusieurs visions et perceptions s'y côtoient et s'y expriment dans une vision assumée, qui permet cependant une ouverture sur plusieurs mondes.

Évidemment, il y a beaucoup d'exceptions à cette classification. C'est le propre de ce genre d'exercice. Mais il est toujours aussi amusant de construire que de déconstruire.

H COMME HISTOIRE

Notre amnésie historique est assez inquiétante, car nous avons substitué à la mémoire historique une mémoire mythique, plus réconfortante et, surtout, beaucoup plus accommodante. Il est plus facile, par exemple, d'adhérer à la thèse martyrologue de Longfellow qu'à celle, plus factuelle, de John Farragher.

Il est curieux aussi de constater à quel point il existe peu d'ouvrages faisant état du parcours des différentes formes d'art en Acadie. Comme autrefois, nous sommes obligés de nous fier à l'oralité, à ces personnes qui incarnent la « mémoire vivante » – bien qu'ils déforment l'histoire selon leur besoin ou leur gré. Si l'on exclut les travaux d'auteurs tels que Marguerite Maillet et David Lonergan, en littérature et en théâtre, très peu de documents ont tenté de retracer les idées, les influences, les tendances, les représentants ou les œuvres des diverses formes d'art auxquelles les Acadiens et les Acadiennes ont fourni une contribution.

Il faut dire que les artistes et les institutions qui les soutenaient ont aussi fait preuve d'une grande négligence en ce qui a trait à la documentation des œuvres, ce qui a rendu difficile la production d'ouvrages de synthèse, de recherche ou d'histoire. La rareté des documents d'archive – photographies, programmes, critiques ou comptes rendus journalistiques, etc. – nuit aux chercheurs et auteurs désireux de produire des ouvrages conséquents sur notre mémoire culturelle collective.

I comme Idée

L'expression de Samuel Archibald, « L'Amérique est une mauvaise idée qui a fait du chemin », pourrait s'appliquer à l'Acadie. D'ailleurs, le slogan du Parti acadien, lors des élections de 1978, était « Le parti acadien, une idée qui fait son chemin » : cette idée était fondée sur l'autonomie, sur le fait que « ça marche tout seul » et sur l'impression qu'on n'avait pas vraiment besoin d'y mettre trop d'effort. Cette vision autonomiste de l'Acadie a ses bons et ses mauvais côtés, selon qu'on la considère comme rassurante – « il y aura toujours une Acadie » – ou irresponsable – « l'Acadie n'est pas mon sujet ».

Le poète Raymond Guy LeBlanc, dans le film *Toutes les photos finissent par se ressembler*, disait que l'Acadie était un slogan, ce qui renvoie à la dimension politique de l'Acadie. Le titre de la conférence d'aujourd'hui se veut une exploration de l'Acadie comme idée, comme concept, comme construction intellectuelle, comme fabrication de l'esprit. On peut en débattre, la ressasser, la réprouver ou l'endosser ; chose certaine, comme toute idée, elle est surtout appelée à évoluer. Reste à savoir si une telle idée est possible, s'il est possible de concevoir l'Acadie en dehors de son schéma fixe hérité d'une histoire, où l'évolution a toujours été fortement contestée au profit d'une mythologie. La force des mythes consiste à fixer les concepts et les croyances et à les couvrir d'un vernis de durabilité. Comme pour les anciennes peintures, il faudrait gratter ce vernis, et même l'enlever, pour retrouver les couleurs originales.

En ce sens, il est important, et même urgent, d'établir un espace d'échange et de débat, une place publique renouvelée et agrandie. L'art est sans doute la forme d'activité la plus apte à développer et à concrétiser les enjeux de société. Mais pour ce faire, l'art – et l'art acadien ne fait pas exception – doit s'éloigner de l'esthétisme et du formalisme dans lequel il est en train de s'enliser pour se rapprocher des enjeux de société : c'est ainsi qu'il pourra rejoindre un public dont il sera la voix, la conscience et le prolongement.

J comme Jeu

Avec la postmodernité, l'art est entré dans une dimension ludique selon laquelle l'œuvre d'art ne se voit plus comme étant contrainte par des propos critiques ou quelque autre exigence plus ou moins encombrante. Le jeu, le canular, l'irresponsabilité ont pris leur place aux premières loges. Le rire, le bizarre, la notoriété et le décoratif ont remplacé l'émotion, la pertinence, la mémoire et la beauté. On pourrait dire, dans un acte de démission cynique, que seuls comptent les moyens, le public n'étant plus impressionné par rien d'autre. Alors, pas trop de réflexion et toujours plus de jeu et de légèreté ! « *Stop making sense* », pour parodier André Breton. On dit que lorsque le Titanic a coulé, le capitaine a demandé à l'orchestre de jouer plus fort. Dans le même esprit, j'ai souvent dit qu'il n'y avait qu'une forme d'art en Acadie : la musique.

Il y a quelques années de cela, Radio-Canada m'avait demandé de participer à une table ronde sur l'engagement politique des jeunes artistes acadiens. Je me suis rendu sur les lieux pour m'apercevoir que j'étais entouré de musiciens, dont la plupart étaient obsédés par l'idée du public et de la notoriété qui vient avec. Je me suis aussi rendu compte qu'on y véhiculait une quantité impressionnante de clichés et que la raison pour laquelle la production musicale avait pris cette ampleur tenait surtout au fait qu'on en avait évacué le discours, ce qui laissait toute la place au *grou tyme*, au *laisser les bons temps rouler* ou au *feeler zoo*. Le jeu a cette propriété d'être assez libérateur pour nous faire oublier qu'en tant qu'artistes, nous avons aussi le devoir de dire des choses sans être distrait – j'allais dire obsédé – par une quête de notoriété ou, si vous préférez, de popularité davantage axée sur l'ego que sur le discours.

K comme Karma

On dit que le karma, c'est un peu le destin qui se prolonge sur plusieurs vies, et qu'il est la somme de ce qu'un individu a fait, est en train de faire et fera. Cette notion, généralement pertinente aux individus, peut sans doute s'appliquer aux collectivités, comme l'Acadie. Quel est le karma de l'Acadie ? Question lourde de sens – comme toute question métaphysique – et à laquelle chacun répondra au meilleur de ses connaissances.

Sans m'aventurer sur le terrain du collectif, je tenterai ici une réponse parcellaire et approximative. Le karma est quelque chose qui doit s'accomplir. Nous, le peuple acadien, avons débuté notre parcours dans une joie de vivre dont les arts et la qualité de vie faisaient vraisemblablement partie. Si l'on considère que c'est en Acadie qu'a été jouée la première pièce de théâtre en Amérique du Nord, qu'a été écrit le premier recueil de poésie en Amérique française et qu'a été fondé le premier club social sur le continent, c'est donc que nous avons débuté notre parcours dans la joie avant de connaître un destin tragique et malheureux. Alors soumis à la destruction du tissu social, il semble que nous n'ayons jamais su nous concentrer sur un projet autre que celui de la survie, projet dont nous émergeons à peine.

Je me suis souvent demandé ce qui se produirait si nous décidions d'oublier la survie pour nous concentrer sur la vie, une sorte de vie menée au plus près des préoccupations quotidiennes. Et si nous laissions le collectif émerger de notre individualisme au lieu de nous acharner à faire l'inverse.

L comme Lecture

La lecture est la seule école d'écriture. Écrire est un phénomène nouveau en Acadie, tant en termes d'apprentissage de l'écrit, de scolarisation et de lecture, qu'en termes d'expression littéraire. Si l'on considère que nous avons commencé à publier de manière régulière il y a à peine quarante ans, cette carence a longtemps fait de nous des illettrés. La situation des illettrés est différente de celles des analphabètes – qui est aussi très présente, à bien des égards, mais qui concerne davantage l'impossibilité de décoder le signal écrit –, puisque l'illettrisme constitue l'impossibilité d'en apprécier la qualité ou la performance artistique.

L'écriture ce n'est pas uniquement l'acquisition ni la maîtrise du code grammatical, de la syntaxe et de l'orthographe. C'est aussi, et surtout, l'expression d'idées qui ont cours dans une société. En ce sens, la poésie des années soixante-dix, première manifestation identitaire et littéraire de l'Acadie, a été fortement teintée de revendications politiques et de manifestations publiques ; les mots s'y faisaient paroles, reprenant ainsi le grand parcours de l'oralité qui nous avait menés jusque-là. Le texte se déclamait sur la place publique et se transformait en exhortations et en revendications.

L'expression littéraire des années soixante-dix, dont certains conservent toujours la nostalgie, s'est ensuite orientée vers une vision plus individuelle, ce qui a eu pour effet d'isoler les écrivains et de les éloigner de la dimension publique. La disparition d'institutions telles que l'Association des écrivains acadiens ou les Éditions d'Acadie n'a sans doute pas aidé non plus à rapprocher les écrivains et le public. Il n'est pas aisé de faire la promotion d'une activité qui demeure largement marginale, pour ne pas dire absente du radar culturel.

M comme Mémoire

Il y a quelques années, je m'étais intéressé à la fonction de l'art dans la société. J'en étais arrivé à la conclusion que ses fonctions étaient au nombre de trois : faire prendre conscience, générer de la beauté et constituer une mémoire. Lorsque je regarde derrière moi, je suis triste de constater que le capital-mémoire de l'Acadie est assez faible. En fait, ce qui nous est resté nous a été transmis par l'oralité. Rien en fait d'écrits, et encore moins en images.

D'ailleurs, jusqu'à l'avènement de la photographie, il n'y a pas d'images de l'Acadie. Dans la collection du Musée de l'Université de Moncton, accessible depuis le site Web du Musée McCord (pourquoi le Musée McCord ?), les photos acadiennes sont rarement identifiées. Par contre, depuis cinquante ou soixante ans, on assiste en Acadie à une production d'images foisonnante, du moins si on la compare à celle qui a précédé. Mais les œuvres d'art des artistes contemporains acadiens atteignent rarement le public qu'elles ciblent. Pour comble de malheur, la diffusion et l'acquisition de ces œuvres s'avèrent encore plus problématiques.

Décidément, la mémoire a la vie dure. Peut-être faudrait-il y voir le désengagement d'une société qui ne se reconnaît pas ou plus dans les artistes qu'elle a mis au monde. Ou peut-être cela témoigne-t-il du désarroi d'artistes qui ne reconnaissent pas la société dont elles et ils sont issus et à laquelle ils ou elles s'adressent.

N comme Narratif

Il est assez étrange de constater à quel point le grand récit de l'Acadie s'est cristallisé au milieu du dix-neuvième siècle dans une vision simpliste et légendaire, celle d'un peuple martyr dont la victimisation ne semble plus avoir de fin. Tout ce qui nous singularise, toute narration autre que celle de la déportation, toute revendication politique autre que celle de la compensation, toute entreprise économique autre que celle de la subvention, est sans cesse examinée sous la loupe de cette Acadie au récit simplifié, dont le synopsis serait : nous sommes venus de loin pour arriver dans un paradis dont nous avons été cruellement chassés et où nous sommes revenus pour accomplir notre destin.

Il y a des milliers d'histoires parallèles à cette grande narration, à notre grand récit, histoires que nous ne racontons pas en littérature, au théâtre ou au cinéma. En fait, nous ne racontons que des histoires vraies, nous ne savons pas mentir. Notre investissement littéraire s'est souvent confiné à la poésie : poésie de la revendication, de l'aveu, du rêve, de l'insolite. Rarement dans l'exploration du langage, du discours, de l'histoire avons-nous versé dans la fiction. Il est plus que temps de passer à un autre récit, de changer d'image et de prendre nos distances avec un passé contraignant et réducteur.

O COMME OUVERTURE

Le premier Congrès mondial acadien avait pour thème *L'Acadie parle au monde*. Ce qui semblait assez ambitieux, pour ne pas dire prétentieux. *Talk is cheap*, pour reprendre une locution latine. Car si nous parlons, il est important d'avoir quelque chose à dire et peut-être, plus encore, d'avoir des interlocuteurs, des vis-à-vis qui nous répondent. Or, il est rare que nous en ayons eu les moyens et sans doute que le génie, en ce qui nous concerne, a souvent consisté à faire beaucoup avec peu. Ajoutez à cela qu'il est très difficile pour nous de fabriquer des vedettes, de contrôler notre image médiatique ou de nous rallier autour d'un projet commun. L'ouverture sur le monde demeure donc souvent un projet à sens unique, un peu comme être au téléphone et parler tout en ayant rarement la possibilité d'obtenir de réponse.

Si l'art acadien est sous-financé, c'est que les moyens financiers se font plus abondants autour d'événements rassembleurs, anniversaires ou touristiques. La recherche qui nous permettrait de produire des œuvres exportables fait de moins en moins l'objet d'aide financière ou autre. Et avec les pressions des gouvernements sur les organismes bailleurs de fond, ce sera de plus en plus le cas. Il faudra donc faire encore plus avec beaucoup moins, et je me demande jusqu'où l'on étirera la bande élastique avant qu'elle ne se brise. Dans cette optique, les Acadiens continueront de « parler au monde » en répétant la même chose, plutôt qu'en innovant, en prenant des risques. Pour que l'art fasse preuve d'une réelle ouverture, il lui est important de faire confiance au public, à son intelligence, et d'offrir autre chose que des produits qui plaisent à son côté grégaire et festif. Mais peut-être parlons-nous de deux visions de l'art, destinées à s'éloigner l'une de l'autre au point de devenir méconnaissables et irréconciliables.

P COMME POLITIQUE

Il me semble que depuis le début de cette conférence, je n'ai parlé que de problèmes, de déficiences et d'échecs. Je le reconnais, il est plus facile de faire état de ce qui ne fonctionne pas que d'énumérer ce qu'on pourrait appeler « les acquis ». L'essayiste Michel Roy appelait cela « faire de la comptabilité ». Cela résulte sans doute d'une volonté d'exercer une vigilance face à une activité, l'art, et à un secteur, la culture, où il n'y a jamais eu beaucoup d'acquis. Cette attitude provient sans doute du fait que les revendications politiques auxquelles j'ai souvent été mêlé ont fait en sorte que les conditions d'existence sont encore et toujours liées à cette dimension.

Entre le réalisme et le pessimisme, il y a toujours cette vision lucide de notre existence qui nous a permis de nous affirmer, mais dans une manœuvre procédant d'un rapport de force. En d'autres mots, dans un rapport politique, même en ce qui a trait à la culture où nos revendications nous ont permis d'obtenir certains moyens, du moins en matière de production, alors que la diffusion et la réception demeurent toujours problématiques. Notre contribution se voit donc financée par obligation politique – après tout, nous votons, nous payons des taxes – mais rarement reconnue, d'un point de vue esthétique : il semble que nous ne soyons jamais assez bons pour faire autrement. Nous naviguons donc entre la tolérance et l'endurance.

Q COMME QUÉBEC

Le Québec gère la francophonie canadienne et il la gère en fonction de ses intérêts, de ses contradictions et de sa vision. Nous en ferions probablement tout autant si nous occupions sa position dans le rapport de forces, ou si nous avions son poids politique. Mais notre « horsquébécitude » fait de nous des parents pauvres : nous devrons continuer à vivre et à lutter pour l'affirmation de notre culture, avec ou sans le Québec.

En ce sens, il y a toujours deux Acadies, une fabriquée au Québec et une autre fabriquée en Acadie, celle-ci avec les moyens du bord.

Oui, je sais, ce ne sont pas des choses à dire en public, car nous devrions tous être unis dans l'amertume de notre défaite coloniale. Autrefois, au temps du « Qui perd sa langue perd sa foi », il y avait les Congrès eucharistiques, dont celui de Montréal en 1910 qui a rassemblé Québécois et Acadiens. Nous étions alors tous des enfants de Dieu. C'était au moins ça de gagné. Mais depuis, les paramètres ont changé pour donner la formule « Qui perd sa langue perd sa culture », qui fait de nous des orphelins de Dieu.

R comme Ruralité

En Acadie, la ruralité a longtemps été source d'inspiration pour des œuvres d'art dont l'église était souvent le sujet ou le commanditaire. L'urbanité, elle, était vue comme un lieu où se tramaient des complots de toutes sortes, un monde dominé par l'anglophonie et le protestantisme, où l'on risquait à tout moment de perdre son âme. Ainsi alla le monde jusqu'au jour où, après une scolarisation massive, les Acadiens ont déserté leur habitat rural et leurs églises pour venir travailler en ville, s'y installer et produire des œuvres ; ils ont alors échangé la verdure pour l'asphalte et le chant choral pour les sonorités amplifiées et agressantes du rock and roll.

Deux visions, deux mondes, deux destins. Yves Chiasson, membre fondateur de Zéro Degré Celsius, l'un des plus importants groupes de musique acadienne des dernières années, m'avait dit en entrevue que ce qu'ils (les jeunes de sa génération) écoutaient était majoritairement en anglais, langue qui sonnait beaucoup mieux à leurs oreilles. En cela, il faisait écho à cette tentation des artistes acadiens d'écrire en anglais, de chanter en anglais ou d'inscrire des mots anglais dans des tableaux, une stratégie – on l'espère – lucrative, tant en termes de notoriété qu'en termes financiers. Seulement, les anglophones s'accommodent mal de cet emprunt, et les artistes reviennent presque toujours bredouilles vers le seul auditoire qui leur a témoigné de l'intérêt : l'univers culturel acadien.

Évidemment, je viens de critiquer les jeunes et je vais sans doute passer pour un vieux *has-been*. Mais je m'en fous et, peut-être à cause de mon âge, je suis de plus en plus conscient de faire partie de quelque chose qui est en train de se perdre, un quelque chose qui me tient à cœur. Oui, je sais que les temps changent et qu'on ne peut pas tout garder.

S comme Subventions

Nous avons fait du gouvernement une sorte de pourvoyeur universel. Et souvent, comme quelqu'un me l'a dit un jour, nous mesurons la réussite à la quantité d'argent obtenue d'une des agences gouvernementales vouées au financement public. Cette situation est manifeste dans le domaine culturel, mais aussi dans la plupart des domaines, en Acadie. Sommes-nous un peuple subventionné ? Y a-t-il en Acadie des organismes ou des individus dont les moyens permettraient le financement d'une culture qui, à l'heure actuelle, est fortement en manque de mécénat, de collectionneurs, de spectateurs et de lecteurs ?

Or, l'art en Acadie, jusqu'à récemment, a été le produit d'artistes dont les œuvres ont été négligées et dont la vie nous demeure largement inconnue. Ce qui fait que nous connaissons peu ou mal une production marquée par la modestie mais dont la présence nous aiderait à colmater une rupture, une brèche entre l'art naïf et l'art moderne. Ce désaveu provient sans doute du fait que cet art dont nous nous sommes départis, cet art oublié et désormais introuvable, était axé sur le populaire et non sur la recherche, un art perdu dans la vague d'un art plus sophistiqué qui sera privilégié dès les années cinquante. D'où notre amnésie et notre malaise, présents dans cet effacement artistique dont chaque génération fait désormais les frais.

T comme Théâtre

Si, comme l'a affirmé avec justesse Guy Debord, nous sommes entrés dans la société du spectacle, il est normal que tout devienne mise en scène, divertissement et, surtout, représentation. En ce qui concerne l'Acadie, cette dimension a souvent été marquée par une insécurité donnant lieu à du mimétisme, comportement qui ne nous a guère aidés à faire une réelle contribution aux domaines des arts ou des idées.

Cette insécurité provient du fait que nous n'avons jamais eu de contrôle effectif sur notre image et que nous avons dû sans cesse composer avec un pouvoir extérieur à la communauté. Le compromis et les accommodements étant le propre des petites cultures dans le rapport de forces qui les oppose aux majorités, il serait curieux de voir les stratégies mises de l'avant par les petits milieux pour se représenter dans l'espace public, et sur la scène en général.

Le théâtre, dans sa version conventionnelle, a été l'une des formes d'art privilégiées des Acadiens et, après la musique, c'est sans doute la forme d'expression qui nous aura le plus marqués. C'est en Acadie qu'a eu lieu en 1605 la première représentation théâtrale en Amérique du Nord. La popularité de cette forme d'art, comme de la musique, provient probablement de son oralité. Auprès d'une population largement analphabète, il s'agit là d'une manière efficace de rassembler les gens et d'augmenter leur sentiment d'appartenance à une communauté.

U COMME UTOPIE

Nous avons tendance à nous rassembler en tant que peuple afin de concocter des projets de société aussi illusoires que décevants. Comme si l'ensemble de la société allait adhérer à la vision d'un groupe réuni pendant une fin de semaine dans un lieu quelconque. Selon moi, ce genre de démarche a grandement ralenti la circulation des idées et nui à la tenue de débats nécessaires. Des conventions nationalistes du début du vingtième siècle, en passant par la Convention d'orientation nationale de 1979 – tenue ici même à Edmundston, où l'on a voté la division du Nouveau-Brunswick pour créer une province acadienne –, à la Convention de 2004 à Memramcook – où l'on a proposé la tenue d'États généraux de la culture –, il y a toujours eu en Acadie cet éternel mouvement allant de l'utopie vers une collectivité plus ou moins concernée, du collectif vers l'individuel.

Dans la conclusion de la *Stratégie globale* issue des *États généraux de la culture* tenus à Caraquet en 2009, on peut lire que l'objectif fondamental de la rencontre était d' « inscrire les arts et la culture au cœur du projet de société de l'Acadie du Nouveau-Brunswick ». Il aurait été intéressant, je crois, de préciser de quel projet de société il s'agissait. Cela aurait grandement aidé à clarifier les enjeux.

Les sociétés qui se rassemblent derrière un corps représentatif élu fonctionnent autrement, c'est-à-dire que des individus, intellectuels, artistes, mettent en circulation des idées ou des œuvres, des projets qui trouvent ou non preneur sur la place publique, où elles sont débattues et endossées ou rejetées. Les Acadiens ne croient pas beaucoup à ce modèle. Peut-être est-ce la raison pour laquelle les idées et les œuvres circulent peu dans cette société, qui en aurait pourtant bien besoin pour s'inscrire dans la modernité dont elle se méfie, et qui pourtant est essentielle à son devenir.

V COMME VULNÉRABLE

Il y a quelques années de cela, mon voisin, le peintre Roméo Savoie, m'a dit, en parlant de la culture acadienne : « On a tout fait. » Sa phrase m'est restée en tête depuis. Les trois verbes majeurs de la langue française sont, à mon avis, *être*, *avoir* et *faire*, le *faire*, ici, établissant le lien entre les deux autres termes. « On a tout fait » veut dire « tout fait *ensemble* », comme collectivité artistique : nous nous sommes préparés à créer des œuvres, nous avons ensuite fondé des institutions et des organismes destinés à les accueillir, nous y avons œuvré afin d'en assurer la survie financière et en promouvoir la fréquentation et, souvent, nous avons fait l'acquisition des œuvres d'art produites. Nous nous sommes improvisés les critiques, les animateurs ou le public tout en continuant de produire, de nous tenir au courant des innovations créées à l'extérieur du milieu et, surtout, en faisant cinquante métiers pour assurer notre présence ici, je dis bien *ici*, dans un milieu souvent indifférent quand ce n'est pas hostile à notre travail.

Nous ne sommes pas les seuls, évidemment – je parle de ma génération –, à avoir fait les frais de cette indifférence, et cela se poursuit encore de nos jours même si, en raison de leur longévité, certains organismes sont devenus des institutions : c'est le cas du théâtre l'Escaouette, du Théâtre populaire d'Acadie, de la Galerie Sans Nom ou des Éditions Perce-Neige. Reste que ces institutions demeurent fragiles et vulnérables, et leur bonne marche dépend souvent de personnes qui ont choisi d'en faire leur projet personnel. Or les artistes, aussi passionnés qu'ils puissent être, ne sont pas toujours les meilleurs gestionnaires. Nous attendons toujours, dans un deuxième temps, ces agents, éditeurs et producteurs qui feront de la culture acadienne une réalité viable et intégrée au marché de l'art.

W comme Wigwam

Nous savons tous qu'un wigwam est un type d'habitation construit par les Amérindiens semi-nomades d'Amérique du Nord, dont font partie nos voisins les Micmacs et les Algonquins. Mais que savons-nous vraiment d'eux ? De leur misère, de leur lutte, de leur volonté de s'inscrire dans le paysage littéraire, artistique, culturel ? Rares ont été les projets, les rencontres et les moments où nous nous sommes rapprochés d'eux, autrement que dans une volonté d'inclusion représentative, qui souvent n'allait pas plus loin que le folklore.

Les Acadiens se sont toujours vantés de leurs excellentes relations avec les autochtones. Cette relation ne s'est pas souvent illustrée dans des productions culturelles. Les peuples des Premières Nations représentent le lien le plus viscéral à ce territoire, ils en constituent la mémoire la plus authentique et, si on les avait laissés en paix, sans doute seraient-ils en mesure de nous révéler la véritable nature et l'âme de la terre où nous nous trouvons aujourd'hui. En matière de culture, notre vision reste eurocentrique et nous ne sommes pas à la veille d'en changer.

Il m'arrive souvent de penser aux autochtones en me disant qu'en tant qu'Acadiens, nous partageons un destin historique qui n'est peut-être pas très loin du leur, en ce sens que nous sommes devenus à notre insu et à la longue les instigateurs et les victimes de la vision folklorique qui nous poursuit et qui nous identifie.

X COMME XÉNOPHOBE

Il est impensable que les Acadiens soient xénophobes car nous, en tant que peuple victime et déporté, comprenons la souffrance des autres et avons mis au point une compassion à toute épreuve. C'est du moins ce que nous aimerions croire, car cela nous réconforterait et nous confirmerait dans notre image de peuple martyr.

Nous ne sommes pas xénophobes car notre population est relativement homogène. Malgré cette homogénéité, il existe des tensions que l'on s'applique à taire, mais qui demeurent très présentes. Passons sur les tensions à l'endroit des anglophones et des Québécois, et considérons plutôt celles qu'on retrouve entre Acadiens. Au Nouveau-Brunswick, des tensions existent entre ceux de la Péninsule et les chiacs du Sud-Est, entre les Brayons et les Acadiens en général, entre les Acadiens de la Nouvelle-Écosse et ceux du Nouveau-Brunswick. Plusieurs vous diront qu'il ne s'agit aucunement de xénophobie mais plutôt de malentendus bénins. Selon moi, du moment que ces tensions existent, elles empêchent ou ralentissent une véritable ouverture et une détente qui permettraient d'articuler une vision plus englobante de l'Acadie.

Il y a quelques années de cela, un de mes amis avait émis l'idée qu'au lieu de se jumeler avec des villes d'Europe ou d'ailleurs au pays, les villes acadiennes devraient se jumeler entre elles, établissant ainsi un dialogue Nord-Sud, à la fois nécessaire et bénéfique pour la transmission des connaissances et les échanges entre les diverses régions. C'est d'ailleurs ce que le Congrès mondial acadien s'applique à faire, mais à l'échelle plus conviviale de la famille.

Y comme YouTube

Si vous googlez la lettre *Y*, vous serez immédiatement dirigé vers YouTube. Cela durera onze pages.

C'est un fait que les circuits de diffusion sont en train de changer et que nous sommes à la veille d'une révolution dont certaines formes d'art font déjà les frais ou l'expérience. C'est le cas du livre, dont les ventes, déjà faibles, diminuent à vue d'œil. Cela risque aussi d'être le fait de toutes les autres formes d'art. Comment tirer avantage de la vague et se laisser porter par le courant ? De la même manière que l'accès aux outils numériques se démocratise, l'accès à la diffusion risque de relancer un accroissement de la création.

C'est sans doute à ce niveau que se révélera le génie de ceux qui sauront s'adapter, et effectuer cette transition délicate. Déjà, on voit s'ouvrir de nouveaux champs de créativité où il est possible de tirer son épingle du jeu, les moyens de production n'étant plus un empêchement, pas plus que les circuits de distribution, ou la réception publique.

Comme toujours, le *quoi*, ou sujet de la démarche, demeure relativement facile à identifier, pour se compliquer dans le *comment* et, encore plus, dans le *pourquoi* du projet. Mais le génie, quelle que soit l'époque, consistera toujours à s'adapter, car l'adaptation traduit, comme chacun sait, une forme supérieure d'intelligence.

Z comme Zen

Il y a longtemps, j'ai assisté à la conférence d'un universitaire qui citait des propos recueillis auprès de pêcheurs acadiens de la Baie Sainte-Marie, en Nouvelle-Écosse, propos qu'il mettait en relation avec les enseignements du bouddhisme zen.

Pour en faire un résumé succinct, le zen dit que toute vie est souffrance et que cette souffrance est causée par le désir. Le moyen d'éliminer cette souffrance et d'atteindre le bonheur serait d'éliminer le désir, qui engendre le conflit, car entre le désir et sa satisfaction se dressent souvent des obstacles. Le renoncement au désir, historiquement parlant, correspond au détachement du monde de l'*avoir* pour lui préférer celui de l'*être*. Le monde de l'être, chargé de silence, ressemble à celui, chargé de musique, du *soul* et du *blues* tels que l'ont fait connaître les Noirs américains. Eux aussi déportés, ils ont une sensibilité proche de celle des Acadiens, comme on peut le remarquer en Louisiane. Ce réservoir de douleur auquel ont accès les Afro-Américains est devenu avec le temps la source inépuisable d'un art qui a parlé au monde entier.

Nous aussi, nous avons accès à cette douleur, qui, avec le temps, s'est transformée en mélancolie, une mélancolie qui nous habite comme peuple et comme artistes. De l'extérieur, on l'a souvent prise pour de la résignation. Malgré tout, il ne faudrait jamais perdre de vue cette mélancolie ou l'échanger pour de la pacotille matérielle, pour les miroirs ou les écrans de la notoriété ou pour une dénaturation de notre voix et de notre regard. Car, comme chacun sait, c'est une chose terrible que de perdre son âme.

Abécédaire « Français à Bouctouche »

Conférence « L'évolution de l'espace francophone : vivre en français au Nouveau-Brunswick », Conseil de l'aménagement du français au Nouveau-Brunswick, Bouctouche, 20 février 2009

A COMME ACCENT

A comme Accent, mais aussi A comme Acadie, car l'accent acadien est tout à fait unique. C'est ce qui nous distingue et, pour plusieurs, c'est ce qui fait notre identité. En fait, tous les accents sont uniques. On l'accepte entre nous mais lorsque, de l'extérieur, on se sert de cet aspect pour faire de nous des francophones exotiques et amusants, cela devient un peu sinon très agaçant. Il est bien évident que si l'on se concentre sur l'accent, sur les particularismes, sur les expressions bizarres, cela finit très vite par faire oublier ce qui se dit pour ne laisser entendre que le chant de notre français. Nous sommes beaucoup plus qu'un accent.

B comme Bilingue

Nous vivons à la frontière d'une des cultures les plus séduisantes, les plus commerciales et les plus populaires de toute l'histoire : la culture états-unienne. Cela finit par influer sur notre comportement et nos habitudes, mais aussi sur notre conscience linguistique. Cette influence se traduit par des emprunts de toutes sortes, de vocabulaire bien sûr, mais aussi et plus sournoisement de structures telles que « Pour quoi c'est que tu fais ça pour ? » (« *What are you doing that for?* »). Je dis toujours que nous sommes au front, que nous menons un combat constant, et que c'est cela qui finit par agacer et épuiser : le fait d'exercer une vigilance constante. Je dis cela sans amertume, car les anglophones vivent leurs vies majoritaires et nous en ferions autant si nous étions à leur place. Mais l'Histoire en a décidé autrement et, depuis, nous essayons de préserver notre langue maternelle au milieu d'une indifférence qui m'attriste et m'inquiète.

C comme Chiac

J'ai souvent cru que le chiac était une volonté – beaucoup plus qu'un désir – de rester francophone, de demeurer dans cette vibration, dans cette identité. Longtemps, le chiac a été une langue méprisée et ridiculisée. Mais depuis qu'il est devenu « légal », pour reprendre l'expression de l'écrivaine France Daigle, il a fini par symboliser une quête identitaire qui l'apparente au joual, revendiqué au Québec dans les années soixante. Une fois passée l'étape de la revendication du joual, les Québécois se sont mis à écrire dans un registre qui tenait compte de leur différence, mais aussi dans un désir et un espoir de rejoindre le reste de la Francophonie. Je vous dirais, en toute confidence, que j'ai hâte au jour où l'on nous lira pour ce que nous avons à dire et non pas uniquement pour la manière dont on le dit.

D comme Discours

Discourir, c'est inventer des concepts, générer des idées, participer à des débats. La qualité de la langue tient ici un rôle important, car elle nous permet de rendre notre pensée claire, accessible et compréhensible. Le discours ne peut exister sans une certaine maîtrise de la langue, autrement nous retombons dans le monde du symptôme, celui de l'enfant avant qu'il ne sache articuler, au moyen de la parole, ses besoins, ses désirs et son imaginaire.

E comme Écrivains

Pour un écrivain acadien, le français constitue un outil de première importance et de premier ordre. Par la suite, le choix de la langue devient une question d'auditoire cible. On peut écrire pour un seul lecteur, comme c'est le cas des lettres et des courriels, mais si l'on choisit de publier, donc de solliciter un public, ce geste prendra un caractère et une signification qui dépassent l'intime. L'écriture comme médium nécessitera alors une certaine précision. Et plus on maîtrise le français dans son code et sa complexité, plus on arrive à rejoindre de lecteurs sur l'immense territoire de la Francophonie. Pour ma part, j'ai situé mon lecteur en Afrique et, quand je suis allé à Dakar, je n'ai pas eu à fournir un lexique pour qu'on comprenne que nous parlions une langue commune. Mais allez donc expliquer ça à ceux qui vous disent que vous êtes snob parce que vous avez un jour rêvé de voir le désert ou de dire la neige à ceux qui n'en ont jamais vu.

F COMME FRANCOPHONE

J'ai toujours vécu en français. *Vivre en français.* Curieuse expression.
Vivre tel qu'en cette langue.

Le vivre-ensemble, la convivialité, à plus ou moins grande
échelle, s'offrent à tous ceux et celles qui se reconnaissent dans une même
langue, dans ses indices, dans ses mots, dans ses structures. Ensemble,
ils peuvent ainsi décoder des séries de sons et de silences qui autrement
s'évanouissent dans la musique, la musique du français. Cette sonorité
francophone prolongée dans l'écriture et la pensée qui l'enclenche, ce
système de communication reconnaissable par plus de cent millions de
personnes disséminées sur tous les continents, font de nous les porteurs
et les instigateurs d'une des grandes aventures de l'humanité. Le français
permet la diffusion d'une culture unique et il est inscrit dans le registre
des langues qui ont marqué le passage des humains sur cette Terre.

G COMME GRAMMAIRE

Je n'ai jamais rien compris à la grammaire. Je n'ai fait qu'apprendre par
cœur des règles que je n'ai jamais su véritablement appliquer. Il m'a
fallu des années pour comprendre la règle de l'accord du participe passé
conjugué avec *avoir* ou avec *être*. En fait, c'est la lecture qui m'a sauvé.
Je dis souvent que la lecture est véritablement la seule école d'écriture.
Ainsi, j'ai beaucoup amélioré ma grammaire écrite, mais il y a des règles
qui continuent de m'échapper, comme celle qui veut que les *si* n'aiment
pas les *rais*. Qu'est-ce que ça veut dire ?

H COMME HABITAT

Nous habitons un espace qui a pour nom Acadie.

Ce n'est pas un espace physique, c'est plutôt un espace virtuel. Mais cet espace, nous l'aménageons depuis déjà quatre cents ans avec une constance remarquable. Nous avons voulu qu'il soit francophone, qu'il s'aligne sur un espace beaucoup plus vaste, lui aussi virtuel, habité par plusieurs millions de locuteurs qui gagnent à être entendus et compris. C'est pourquoi il est important d'émettre et de recevoir sur la bonne fréquence : pour que nous puissions continuer d'être entendus et compris.

I COMME IDENTITÉ

Me voilà de plus en plus persuadé que l'identité n'est pas une réduction, mais une construction de l'être. Nous ne sommes pas seulement Acadiens, francophones, chiacs ou écrivains. Nous sommes plusieurs dimensions qui, en se superposant, finissent par construire une structure dont chaque couche occupe un espace plus ou moins conséquent. Ces identités peuvent varier selon l'ordre de priorité qu'on leur attribue, mais elles répondent toutes à une volonté d'identification, de dire qui nous sommes. Si l'on vous demande par exemple qui est Herménégilde Chiasson, vous pourriez dire que c'est un homme, qu'il a vécu trois ans en France et qu'il porte un costume gris, ou qu'il est Acadien, lieutenant-gouverneur du Nouveau-Brunswick, écrivain, mais aussi qu'il conduit une Toyota, écrit sur un Mac et habite Grand-Barachois. Ces identités sont toutes vérifiables, mais il en est une qui recouvre une grande partie de notre être-au-monde : celle qui fait de nous des francophones. Mais encore, elle ne nous définit pas complètement, car chaque identité francophone est d'une nature tout à fait particulière.

J comme Jeune

Les jeunes, surtout, se sont identifiés au chiac comme option linguistique et culturelle. Et je me suis souvent demandé si le chiac ne représentait pas pour eux la solution facile, qui ne demande aucun effort alors qu'apprendre une langue nécessite une certaine volonté.

Je comprends très bien que certaines personnes n'ont pas eu le choix, mais moins les autres, ceux qui ont adopté le chiac tout en étant conscients des conséquences que cela pouvait entraîner. Les plus brillants, comme toujours, s'en sortiront sans mal, mais les autres subiront la perte d'un outil fondamental d'identité et de communication. Je trouve qu'il y a ici une négligence intellectuelle, en Acadie, puisqu'il n'y a pas eu de véritable débat sur la question. L'espace francophone devrait être un choix de société.

K comme Kundera

Je considère Milan Kundera, un écrivain tchèque vivant en France depuis 1979, comme le plus grand romancier vivant. En 2003, il a publié *L'ignorance*, un roman qu'il a d'abord écrit en français mais qui a été publié en Espagne, au Mexique, en Argentine, en Italie, aux États-Unis, en Angleterre, avant de l'être en France. Un critique a écrit à propos de cette manœuvre : « Blessé par une critique nationale donneuse de leçons de grammaire – qui s'est parfois acharnée sur son français dépouillé –, Kundera a choisi de publier d'abord son roman en traduction : en Espagne, puis partout dans le monde… avant de le concéder enfin à ses lecteurs français, qu'il invite justement ici à réfléchir sur l'exil, l'adoption obligatoire d'une nouvelle vie, d'une nouvelle langue. » Comme quoi nous ne sommes pas les seuls à nous faire dire que nous parlons et écrivons mal.

L comme Lecture

Il est évident qu'on ne lit pas beaucoup de nos jours, et cela a engendré selon moi un énorme déficit intellectuel pour lequel il n'y a pas de plan de sauvetage. Internet a remplacé le livre, et l'information se réduit désormais à quelques lignes que l'on peut ingurgiter en un rien de temps sur un site Web. Au niveau de l'écriture, la technologie a donné naissance au copier-coller. Reste à voir l'incidence que cela aura sur la qualité de la langue, qui absorbera les contrecoups de nos déficiences et de la diminution de nos capacités.

M comme Moncton

Moncton est une ville importante dans l'espace acadien, car elle représente un milieu urbain où se concentre une grande partie des moyens et des outils que se sont donnés les Acadiens pour affirmer leur culture. L'Université de Moncton, le Centre culturel Aberdeen, l'hôpital Georges-L.-Dumont, la Société Radio-Canada sont des institutions qui confirment cet état de fait. Malheureusement, la francophonie à Moncton fait encore l'effet d'un ghetto, comme c'est le cas dans les autres grandes agglomérations urbaines du Nouveau-Brunswick.

N COMME NORMATIF

En 1634, le cardinal de Richelieu a fondé l'Académie française, un corps de quarante personnes qu'il a chargé de débarrasser la langue de tous les patois pour en faire une langue claire qui serait comprise de tous. C'est ainsi que le français est devenu une construction de l'esprit – un peu comme l'espéranto, cette langue qui devait remplacer toutes les langues et dont la simplicité en aurait fait la deuxième langue universelle (après le latin médiéval). Le français a été la première et l'une des rares, sinon la seule, langues à subir pareille transformation. Sa clarté impressionna. Elle fut parlée dans les cours d'Europe et devint la langue de la diplomatie. Le peuple, lui, continua à jargonner comme il l'avait toujours fait, et sa résistance fit en sorte que de nombreuses exceptions firent leur entrée dans la belle langue officielle, chambardant toutes ses belles règles pour faire du français l'une des langues les plus complexes au monde. De nos jours, l'Académie continue à légiférer : son travail principal consiste à produire un dictionnaire qui avance avec une lenteur proverbiale. L'anglais, l'allemand et l'italien n'ont pas d'académie.

O COMME ORALITÉ

En Acadie, il semble que nous ayons toujours eu un problème entre l'oral et l'écrit. D'abord, il faut dire que nous avons écrit « sur le tard ». Bien sûr, nous avons appris à écrire comme tout le monde même si l'analphabétisme a toujours été une malédiction. Il y eut quand même des gens qui se sont scolarisés, mais ces gens-là n'étaient pas des écrivains. En attendant, nous avons conservé toute une littérature orale, qui constitue une véritable richesse. Antonine Maillet sera la première auteure à transposer l'oral à l'écrit, et cela se vérifie dans beaucoup des textes qu'elle écrira au début de sa carrière. Les Acadiens éprouvent néanmoins un malaise à écrire dans une langue qui serait l'expression de leurs idées et non l'expression de leur identité, dont l'accent et les archaïsmes constituent souvent le principal intérêt. Ainsi, tous les vieux mots du passé, que nous n'utilisons pas pour la plupart, ont fini par faire leur apparition à l'écrit. Actuellement, c'est le chiac qui, avec ses inventions linguistiques, nous confère un exotisme qui est en voie de devenir notre nouvelle identité. Comme autrefois avec le folklore.

P COMME PERFORMANCE

J'ai toujours cru qu'une langue servait à communiquer et que cette performance, reposant sur un bricolage de sons, d'intensités, de mots, constitue ce qu'il y a de plus conséquent entre les êtres humains. Tout ce que nous faisons, que nous choisissons et que nous énonçons s'inscrit dans un système de communication basé principalement sur la langue – de toute évidence, le moyen le plus immédiat et le plus accessible, puisque nous possédons tous un appareil physiologique qui nous permet, dans la plupart des cas, de faire les sons appropriés à leur reconnaissance au sein d'un groupe de locuteurs. Le français s'inscrit dans cette perspective, dans cette stratégie et dans cette performance. Sur ce plan il semble y avoir divergence : après tout, une langue, comme n'importe quel autre appareil, fonctionne à son meilleur quand elle peut performer, quand elle peut se réclamer d'une certaine précision et ainsi rejoindre un maximum de locuteurs.

Q COMME QUÉBEC

Autrefois, nous étions des Canadiens français, et jusqu'à un certain point nous le sommes toujours, excepté que cette désignation englobe aussi le Québec qui, bien qu'il fasse toujours partie légalement de la Fédération, ne se voit plus comme faisant partie du Canada. C'est ainsi que nous sommes rapidement devenus des « Hors-Québec ». Le Québec gère la francophonie canadienne, mais il la gère en fonction de ses choix de société et de ses options politiques, dont nous sommes exclus. Entendez-vous beaucoup d'Acadiens sur les ondes de Radio-Canada ?

R COMME RÉSISTANCE

Pour rester français, il a fallu avoir une mentalité de résistant, c'est-à-dire croire que la langue est porteuse d'une culture, d'un espoir qu'un jour d'autres plus instruits auront les mots pour raconter notre histoire. Nous sommes les descendants de ces gens-là, souvent des analphabètes, qui ont eu à cœur de préserver une culture sans attendre d'aide de l'extérieur, sans même savoir que cela s'appelait une culture et si cela avait une valeur autre que celle de nous inscrire dans une tradition, dans une résistance héritée de très loin. Personne ne veut faire partie de la dernière génération, celle qui a abandonné, celle qui a perdu, qui s'est rendue. Je me demande souvent si nous n'avons pas investi plus d'ardeur à résister qu'à vivre et à apprécier les bonheurs et les promesses de cette langue, de cette culture dont nous sommes les porteurs et les promoteurs.

S COMME STATISTIQUES

À chaque nouveau rapport de Statistique Canada, les médias se font un point d'honneur de nous rappeler notre indice de vitalité linguistique. Ce qui mène évidemment à la perspective peu réjouissante de notre disparition prochaine. Les chiffres ont la fâcheuse manie d'avoir plus de crédibilité que les lettres, même si leur capacité à mesurer l'indice de résistance et de détermination n'est pas toujours à la hauteur. On s'en rend compte avec les sondages, mais qu'à cela ne tienne, la science des probabilités règne et, bien sûr, c'est à nous que revient la ruse, la responsabilité et le devoir de la faire mentir.

T comme Télécommunications

Le terme Télé semble synonyme de notre époque, de ce moment dans l'histoire de l'humanité où nous avons appris à communiquer sans avoir à nous déplacer dans le temps. Une manœuvre qui nous prive de la présence du corps de l'autre tout en nous livrant des fragments, tels que la voix, l'image ou le texte, et qui a eu des répercussions énormes sur la qualité de la langue, la rendant expéditive et approximative. Le français n'y échappe pas, et il est à prévoir qu'avec des logiciels tels que Skype, on écrira de moins en moins et on produira des résumés de plus en plus courts. En Acadie, où nous venons à peine d'accéder à l'écriture, il sera peut-être temps de retourner à l'oralité. À suivre.

U comme Universel

Le français est la neuvième langue en importance dans le monde. Son dynamisme, son passé colonial et sa réputation de porteur d'une grande culture en ont fait, comme l'anglais, l'un des moyens privilégiés d'établir un dialogue avec l'ensemble de la planète. Il y a cependant des particularités, des degrés d'appartenance à cette grande famille : certains locuteurs ont appris la langue plus ou moins par nécessité ; d'autres, les francophiles, ont développé un intérêt pour la culture ; il y a ceux qui ont adopté le français comme langue de communication – c'est le cas surtout des pays qui sont d'anciens territoires français ; et ceux dont le français est la langue maternelle. C'est notre cas, et cela nous place dans un tout autre rapport avec le français, car il y a une grande différence entre la commodité de cette langue et l'affection que l'on peut développer pour elle. Le français est notre langue. Nous y avons appris tant de choses, vécu tant d'émotions et investi tant d'espoir qu'il serait dommage que nous ne lui accordions pas le respect et l'amour dont elle a besoin pour évoluer et nous ouvrir les portes de l'universel.

V COMME VIN

Jusqu'à présent, en matière de stratégie linguistique, nous avons mis de l'avant l'idée du combat. Ce n'est pas une idée qui semble trouver preneur auprès des jeunes, qui en ont peut-être assez de toujours avoir à justifier leur appartenance francophone. Peut-être serait-il bon de regarder du côté de la pulsion du plaisir, de miser sur le fait que c'est plaisant d'être francophone, que cela représente un mode de vie sophistiqué qui nous permet de voyager dans le monde et d'en apprécier la beauté au lieu de rester collé sur notre réalité immédiate.

W COMME WWW

Le Web constitue une révolution sans égale dans l'histoire de l'humanité et son espace est surtout anglophone. Fait assez ironique, puisque le Web est né en France, il y a longtemps de cela, si l'on considère que les années soixante sont un peu le début des temps. Cet embryon du Web s'appelait alors Minitel. Les Français ont inventé tant de choses qu'ils n'ont pas su rentabiliser. Malgré cela, il serait bon de se le dire plus souvent. Et de s'en vanter encore plus.

X COMME X

À l'école, dans nos cahiers, on mettait un *X* pour les fautes et un *C* pour ce qui était bien. Pourquoi un *C* ? Sans doute parce que c'est la première lettre du mot ciel. Nous avons toujours eu peur de faire des fautes, au point où cette phobie nous a empêchés de parler, comme ce fut le cas pendant longtemps pour les francophones de la région de Moncton, qui préféraient s'exprimer en anglais plutôt que de faire rire d'eux quand ils ne pouvaient rivaliser d'adresse avec des interlocuteurs francophones venus d'ailleurs.

Y comme Yogourt

Je me souviens du temps où il n'y avait pas de yogourt sur les étagères des magasins et où il fallait se lever pour changer de chaîne de télévision. Je dis cela afin d'illustrer le fait que nous avons beaucoup changé, que ce soit au niveau des concepts, de la connaissance et de l'affirmation. Je suis né dans un village entièrement francophone ; la première fois que j'ai entendu parler anglais, j'ai eu l'impression d'être en présence d'extra-terrestres. Même chose lors de ma première rencontre avec un Français de France. De nos jours, alors que nous sommes en train de compléter le passage de l'espace rural à l'espace urbain, ces deux visions du monde ne sont ni égales ni complémentaires. Les enjeux sont différents et les temps, difficiles. Nous faisons face à des défis importants et nul doute qu'il en résultera de nouvelles stratégies qui feront évoluer la langue et la franco-phonie. Ce sera à nous d'exercer une vigilance et une volonté en vue de générer une nouvelle vision. Laquelle ? Hélas ! j'ai oublié ma boule de cristal.

Z comme Zizanie

La langue constitue un sujet qui soulève toujours de grandes passions, sans doute parce qu'elle est tellement près de notre identité et de notre culture, ce qui peut engendrer une zizanie perpétuelle. Plusieurs amé-nagements ont été mis au point pour faire en sorte que la cohabitation linguistique – entre l'anglais et le français – se fasse de manière harmo-nieuse et civile, mais au Canada, il semble que ces tensions ne soient pas à la veille de disparaître. Est-ce à dire qu'il faut adopter une atti-tude fantasque ? Je crois plutôt qu'il faut mettre de l'avant une joyeuse intolérance, c'est-à-dire être ferme mais sans préjugé ni compromis. En d'autres mots, actualiser notre espace, lui donner une consistance et faire de notre culture, de notre langue un lieu d'échanges, d'affirmation et de bonheur.

Abécédaire « Hommage à Roméo Savoie »

Galerie d'art de l'Université de Moncton,
en partenariat avec la Beaverbrook Art Gallery de Fredericton,
Moncton, mars 2006

A COMME ARTISTE

Il ne fait aucun doute que Roméo Savoie est l'un des plus grands artistes acadiens. Ces trois mots contiennent à mon avis des idées qui sont difficiles à définir, mais qui sont d'une importance primordiale dans le contexte de cet hommage. La grandeur contient l'idée d'un engagement, d'une générosité et d'une rigueur au-delà des notions plus simples et facilement reconnaissables de succès, de gloire ou de fortune. Il est évident que le milieu dans lequel nous œuvrons se prête assez difficilement à la mise en œuvre de ces gratifications sur lesquelles se fonde la notoriété. Il reste tout de même que la plupart des artistes acadiens qui ont choisi de vivre ici ont compris et réalisé l'importance de l'art comme nécessité – pour eux d'abord, mais aussi pour la collectivité dans laquelle ils ont choisi de vivre, collectivité qu'ils ont choisi d'articuler, de dire et de traduire. Roméo Savoie est de cette trempe et c'est pourquoi il est tout à fait juste de parler de grandeur, de cette grandeur d'âme qui donne lieu aux grandes œuvres et qui rend l'art nécessaire. Car l'art n'est pas un luxe,

c'est une nourriture essentielle, au même titre que la nourriture matérielle sans laquelle nous ne pourrions vivre.

B as in Barachois

Barachois is where Roméo Savoie has been living since 1985 and where
I used to go visit him, and we would talk about a variety of subjects that
usually pertained to the arts. I have always appreciated his wisdom, his
sense of humour, his generosity. He is also responsible for my change of
attitude, a shifting from a wandering to a more sedentary way of life –
he helped me find a piece of land where I eventually settled and he thus
became my neighbour. I am not the only one to become established
in this area; over the years, many artists have joined him to create an
artists' colony, artists such as Gilles LeBlanc, Lionel Cormier and Nancy
Schofield, to name a few. He has been involved in saving the historic church that now stands as a pride and joy in our village, which has
recently merged with the neighbouring communities to become Grand-
Barachois. The church has since been transformed into a concert hall
and art gallery where his works have been shown many times along with
that of other artists who recognize him as a colleague, a mentor and a
friend.

C COMME COULEUR

La couleur a toujours représenté un dilemme dans l'œuvre de Roméo
Savoie. De manière très affirmée au départ, elle s'est quelque peu retirée
de son travail pour faire place au noir, qui se lit comme l'abolition de la
couleur – la non-couleur par excellence –, le blanc étant, par contraste,
si vous vous souvenez de vos cours de physique, la somme de toutes les
couleurs. Ses séries de peintures noires se lisent comme une archéologie,
présentant la plupart de temps plusieurs couches de peinture, d'encre
de Chine mélangée au vernis acrylique et même aux peintures brûlées,
carbonisées qui produisaient des tons de noir d'une grande élégance et
d'une grande profondeur. Mais qui dit noir ne dit jamais vraiment noir.
C'est ainsi que les maîtres orientaux peuvent distinguer de nombreuses
variations de cette absence de couleur.

D AS IN DESIGN

It is truly in design that Roméo Savoie's strength as an architect has
been most apparent. Being an architect is about building structures, projects that start with the modest expression of a few lines on paper. I have
always noticed how this has stood as a metaphor, a symbol of his life.
Building a building is like painting a painting. You start with a structure
and you add to it. In his first paintings, I can still detect the drawing of
a building yet to be constructed, floating over a color field. It will take
quite a long time before the two – design and color – fully merge to
become what painting is all about, something that relies on coloured
paste to produce an illusion that transforms itself sometimes completely
as you move closer, therefore producing a disillusion.

E comme Espagne

C'est en Espagne que Roméo Savoie décidera de devenir peintre. Peut-être qu'il n'a décidé de rien, mais c'est en Espagne que la tentation et l'obsession de la peinture finiront par envahir sa vie au point de l'engloutir complètement.

Il travaillait alors comme architecte, il était à l'aise financièrement, et peut-être ne se doutait-il pas, un peu à l'exemple de Paul Gauguin, à quel point le choix de devenir peintre serait exigeant et lui fournirait un défi pour toute une vie.

F as in Fire

There is fire in Savoie's work, much like the image of the dragon, his sign in Chinese astrology. At first, this fiery energy was translated in his brushstrokes, in his way of applying paint to canvas, in a manner recalling the abstract expressionism of the fifties. During that decade, he studied in Montreal in an atmosphere where the automatists, Borduas, Riopelle and others, were never far.

Then came the intellectually oriented art of the sixties, pop art, conceptual art, body art, to name just a few. And then abstract expressionism was back and people noticed that Savoie had held on all these years, that the fire was still burning, yet in a different, more sophisticated, more articulated way.

Red, the color of fire, was everywhere. He even painted volcanoes.

G comme Générosité

Roméo Savoie est l'une des personnes les plus généreuses qu'il m'a été donné de rencontrer. Généreux de son temps – avec son appui fidèle en amitié –, de son expertise, de sa confiance, de son encouragement. Il a participé à de nombreuses campagnes de financement, prêtant son enthousiasme, son travail ou sa réputation. J'ai toujours cru que la générosité constituait une partie fondamentale de l'art, celle avec laquelle les artistes professent leur foi que quelque part, quelqu'un verra, lira, entendra leur œuvre, ce qui engendrera un moment de plaisir, de bonheur, d'espoir dont personne peut-être ne saura rien. Cette confiance aveugle dans le langage, dans la communication, dans l'humanité fait de nous des croyants persuadés que toute grande œuvre d'art contribue à augmenter le niveau de conscience. Roméo Savoie travaille à ce niveau-là.

H as in Heart

I read in a *Times & Transcript* interview with Greg Allen that Roméo had decided to paint hearts after seeing Jim Dine's painting of the same subject. Every great artist has influences. Look at Picasso. As someone once said, "Copy everyone, if you have genius it won't show."

Over the years I have seen Roméo's admiration shift from one great painter to another, painters that he still keeps in his heart and in his mind but that will move as his interest shifts and his curiosity leads him to more discoveries. Jackson Pollock, Karel Appel, Robert Rauschenberg, Antoni Tàpies, Cy Twombly, Joseph Beuys, Anselm Kiefer, to name a few, have all had an influence on his work. These are giants of modern art and it is quite normal for a painter as rigorous and as "well seen" (after all, we say well read for a writer) as Roméo to have established with these artists a dialogue that nourishes his work and his conception of what great art is all about.

I comme Intuition

Il est très difficile de comprendre l'œuvre de Roméo Savoie sans faire appel à l'intuition, qui est l'une des grandes sources de la connaissance mais qui, parce qu'elle n'a pas été définie avec précision ou qu'elle n'a pas fait l'objet d'une formule mathématique, demeure sous-estimée, pour ne pas dire proscrite.

L'intuition est souvent identifiée comme un mode de connaissance qui échappe à la raison. C'est ce qu'on appelle plus communément un *gut feeling*. On peut lui faire confiance ou on peut l'ignorer, mais il y a des gens qui l'écoutent et qui en obtiennent parfois des résultats surprenants.

Plusieurs penseurs ont essayé de cerner ce qu'est l'intuition. Le grand philosophe français Jean-Paul Sartre était d'avis qu' « il n'est d'autre connaissance qu'intuitive. La déduction et le discours, improprement appelés connaissance, ne sont que des instruments qui conduisent à l'intuition. »

J as in Jazz

Roméo Savoie has always been a great fan of jazz. I often think that this has been an important source of inspiration for his generation. The sense of improvisation present in his painting can be related to that music.

He prefers the sophisticated and melancholic aspects of jazz. The kind of music played by Thelonious Monk, Bill Evans or Keith Jarrett, who also happen to be excellent pianists as well as fine composers. Musicians who probably remind him of his own great musical talent as a piano improviser, a very personal and discrete activity that he performs with skill and sensitivity. The fabulous series of piano paintings which he created offer a visual equation of the music and the musicians that he loves.

K as in Kouchibouguac

Very few social crises or causes have been as close to Roméo Savoie as the one that involved the expropriation of people in 1971 for the creation of Kouchibouguac National Park. For him, the uprooting of human beings from their natural habitat was a situation that brought back memories of the Great Expulsion of 1755.

It is now many years later, but those events are still very much present in the minds of those who experienced them firsthand and who witnessed the social upheaval that it created.

In 1991, twenty years later, Savoie created a work to commemorate this event. The work was featured on the cover of the catalogue of his retrospective. It looks like a repository, something with religious overtones, a work of monumental scope to this still unfolding human drama.

L comme Lectures

Il est rare de rencontrer des artistes qui lisent. Ce sont souvent plutôt des gens qui regardent et qui accumulent ainsi la culture dont ils ont besoin pour fabriquer des œuvres visuelles, de nouvelles œuvres à voir. Ce n'est pas le cas de Roméo Savoie, dont l'intérêt pour la lecture se double de la création d'une œuvre littéraire, conçue en retrait de son activité de peintre.

C'est aussi quelqu'un qui se tient au courant de l'activité artistique. Chaque fois que je lui rends visite, je me laisse prendre à feuilleter l'un de ses très beaux livres d'art ou l'une de ces revues très dispendieuses qui l'informent de ce qui se fait ailleurs. Évidemment, sa curiosité l'a amené à se rendre dans plusieurs pays, visiter plusieurs musées et plusieurs galeries à la recherche de rencontres fabuleuses qui surprennent, étonnent, provoquent et, immanquablement, nous stimulent.

M as in Mentor

It would be a long and fastidious operation to list the number of artists who have been touched by Roméo's work but also, most importantly, by his attitude, his rebellious way of devoting himself almost exclusively to his work. One of the explanations he gives for this need for privacy is that he is "a savage," a comparison which reminds me again of Gauguin, who chose to become a recluse in the South Seas to escape the chaos of western civilization.

Very seldom has Roméo Savoie been seen surrounded by disciples or preaching in the temple of the art gallery. Yet, I am constantly amazed by the interest his work generates; this has been the case with the majority of my students in History of art classes at the University of Moncton, who have chosen him as the subject of their essays, even though they had never met him other than through the paintings I had shown them.

N COMME NATIONALISME

Roméo Savoie est le fils du sénateur Calixte Savoie, celui à qui l'on doit entre autres la renaissance de la Société l'Assomption ; un homme qui a œuvré à la définition du nationalisme acadien actuel, un homme d'une grande rigueur, d'une grande exigence et d'une grande intégrité, que j'ai eu l'occasion de rencontrer à quelques reprises et auquel Roméo me fait parfois penser dans sa volonté de vouloir faire de l'art acadien une activité nécessaire, sociale et affirmative d'une culture.

Pour ce qui est du nationalisme, assez paradoxalement, c'est une activité dont il s'est toujours tenu loin. En ce sens, Roméo Savoie n'est pas un homme d'idéologies, de partis ou de systèmes. C'est un solitaire, qui fuit les foules et pour qui les honneurs, même s'il en a reçu plusieurs, sont toujours source d'interrogation, de malaise et de distraction. Je suis certain que cette soirée tombe sans doute dans l'une de ces catégories et qu'il est ici parce qu'il croit en la cause plus qu'en toutes ces choses qu'on raconte à son sujet, qui doivent quand même lui faire plaisir – il n'est pas insensible ou masochiste à ce point-là –, mais dont il se distancie, j'en suis persuadé.

O COMME OBJET

Il serait intéressant de compiler un inventaire des objets présents dans les œuvres de Roméo Savoie. La plupart sont des objets trouvés, découverts au hasard d'une marche sur la plage, ou des objets de nature industrielle ou artisanale pour lesquels il a toujours eu une grande affection. Leur histoire, marquée par le temps de leur existence, a fait en sorte qu'une fois transportés dans l'univers de la galerie d'art, ils font souvent l'effet d'animaux dans un zoo, car ces objets auraient pu finir leurs jours dans le sable ou dans des fonctions autrement plus ordinaires. Ils se trouvent soudain dans un rapport artistique, et de les revoir ainsi dans un contexte différent nous amène à réfléchir au fait que les objets, comme les êtres humains, dissimulent sous des apparences ordinaires des histoires et des destins extraordinaires.

P as in Poet

Besides being a painter, Roméo Savoie is also a published writer who has made important contributions to Acadian literature, namely in the field of poetry. His writings and paintings seem to share an exploration and an affirmation of worlds that appear to be connected to the same vision, drawing from the same source. His handwriting often appears in his works, for painters and writers share the same tool and, to a certain extent, the same medium when it comes to leaving their mark.

In an essay written for the catalogue that you have received tonight, I quoted the following excerpt from one of his books, an excerpt that I thought indicative of his faith in words and painting.

> these words traced on the wall
> travel across the length of time
> across all vastness
> across all recollections   for ever

Q comme Quête

Tout artiste possède en lui une sorte d'obsession qui le fait agir, avancer et poursuivre une recherche qui, même en ce qui le concerne, n'est pas toujours facile à préciser, à articuler. Une quête de voir apparaître l'œuvre que l'on attendait qui, souvent, peut survenir sans qu'on l'ait vraiment voulue ou à un moment où on ne l'attendait plus. L'art contemporain, qui dépend tellement de cette attitude, a trouvé dans l'œuvre de Roméo Savoie une expression de choix, car son travail est de nature contemplative ; pour ceux qui y voient une certaine facilité, il faut dire que ce travail, le travail de l'artiste, fait souvent l'effet d'être en équilibre sur un fil de fer : un faux mouvement et tout peut se déstabiliser, et il faudra recommencer à partir de rien. En gardant toujours à l'esprit que l'œuvre qu'on attendait apparaîtra un jour et qu'il faudra être là pour la reconnaître, car l'art comme l'amour a de drôles de manières de nous rejoindre.

R as in Retrospective

A retrospective is a major moment in the life of an artist. It presents a defining overview and is a testimony, a legacy of sorts, of a certain period or of the whole career of the artist. It is quite fitting that the Louise-and-Reuben-Cohen Art Gallery at the Université de Moncton and the Beaverbrook Art Gallery teamed together to present the exhibition of which you have now received the catalogue. It is a sign that painting has an advantage over other forms of art, in that it escapes the limitation of spoken or written language to reach a broader scope of expression. In the case of Roméo Savoie, this retrospective offers a compelling view of a great adventure, one that demonstrates the strength and power of a vision devoted to expanding language and bridging solitudes through a common interior language.

S comme Série

Une grande partie des artistes du vingtième siècle ont travaillé en série, c'est-à-dire sur un problème auquel ils ont apporté des solutions variées mais ayant toujours un point en commun. C'est ce modèle que Roméo Savoie a choisi depuis ses tout premiers dessins d'Espagne jusqu'à ses œuvres les plus récentes. Bien sûr, il y a des constantes, des formes, des couleurs ou des compositions qui reviennent d'un tableau à l'autre, c'est ce qui identifie le style de l'artiste ; néanmoins, chaque série demeure individualisée, produit ses bonnes et ses moins bonnes solutions, mais toujours l'artiste essaie de dépasser la proposition initiale pour étonner, surprendre et surtout se laisser emporter dans une aventure dont il connaît quelques indices de départ, mais dont il n'a aucune idée du résultat final. Un travail qui correspondrait en musique à celui des variations sur un thème qui, encore là, nous rapproche du jazz.

T as in Texture

During the seventies, the color field painters wanted to eliminate texture, which they believed was too disturbing, too distracting. Painting had to be totally flat; some went as far as saying that the canvas should be dyed instead of painted. This has never been Roméo Savoie's idea of what painting should be. In all his works, he has favoured texture, a will to give his painting more physical weight. Starting with collage, he expanded to using beeswax to create an underlay on which to paint. He even went as far as using fire to transform the surface of his painted wooden panel. He applied the same idea to his handling of paint, which can be quite thick and thus create a modulation on the surface, which works with light to give his painting a changing and shifting presence depending on the position of the viewer and the amount of light available.

U comme Universel

Le monde de l'art se concentre surtout dans les grandes villes, là où les nouveaux styles, les nouvelles idées et les nouvelles carrières se font et se défont au gré des saisons. Certains artistes se sont cependant développés loin de cette agitation, qui finit par être plus distrayante que constructive. L'art n'est pas une question de mode, comme l'a si souvent prouvé l'histoire de l'art, et les artistes qui ont duré sont souvent ceux qui ont poursuivi avec la même intensité une vision qui les a maintenus concentrés sur leur art. Pour Roméo Savoie, il était important que l'art ne soit pas une activité régionale orientée vers le pittoresque, mais plutôt une construction de l'esprit qui s'adresse à l'humanité dans son universalité, à ceux qui ont compris les enjeux d'un langage et qui ont la capacité de le reconnaître.

V AS IN VENICE

Roméo Savoie has been fascinated by cities and this fascination is reflected in his paintings. In a series, he gave renditions of such "remote" places as Ottawa, Capri or Miami, but the city that he devoted many works to is Venice. Of course, this is also a testimony to his romantic view of the world, and by romantic, I mean here the school of art, where nature is a true inspiration and passion, a way of life. In his view, Venice is recreated as two separate textures and colors identified by the division between the walls of the buildings in the sinking city and the water where it will eventually disappear. In between, you might see an opening through which it is still possible to communicate between the two worlds. A rather simple but highly effective solution to representing the drama that Venice is facing and that you can't help but feel when you witness that endangered beauty.

W COMME WHISKY

J'ai surtout fréquenté Roméo Savoie à l'époque où il habitait à Moncton, sur la rue Church. Nous avons passé énormément de temps à mettre nos dossiers à jour sur une grande quantité de sujets, parlant le plus souvent, comme toujours, de l'art. L'art, cette obsession inépuisable. Nous avions l'habitude de boire du vin ou du whisky autour d'une table qu'il avait peinte d'un jaune intense et mémorable. C'est à ce moment-là où, par nécessité je présume, qu'il a eu l'idée, pour amortir le goût amer du whisky, d'y ajouter du lait, créant ainsi un « milkshake » tout à fait spécial qui n'était vraiment pas méchant. Et toutes les fois où j'ai le bonheur de goûter à nouveau à cette potion magique, je retrouve ces conversations et cette époque. Roméo m'a dit qu'il avait travaillé comme barman durant ses études. Il savait donc ce qu'il faisait. Preuve encore une fois que les grandes inventions ne naissent pas de la dernière pluie mais du lait. Try to figure that one out.

X as in X

The cross might be defined as the greatest logo of the Western World. Some artists have used it as such in their works. The same applies to St. Andrew's cross which became, in its profane version, the X, which signifies the fault, the cancellation and which has been used by Roméo Savoie as a defining form, a symbol, one of the letters in the simplified and yet sophisticated alphabet that he has crafted for himself. Cancellation as a way of wanting more, seeing more and expecting more than the actual version of the canvas sometimes abandoned with its apparent scar.

Y comme Yeux

Les yeux sont ce à quoi la peinture est destinée et il est important pour le peintre, comme pour ceux qui verront les tableaux, de se fier à ces organes par lesquels on peut voir tant de choses belles, étranges et merveilleuses. Nos yeux sont à la base d'un langage dont nous avons appris à nous méfier, pour lui préférer les mots qui réduisent tout ; or la peinture est tellement plus grande que ce qu'on peut en dire. Je n'ai jamais entendu Roméo parler de sa peinture autrement qu'en termes émotifs, que pour partager sa joie d'avoir fait fonctionner telle section d'un tableau, tel projet, telle exposition, car sa peinture contient un mystère, une énigme vers laquelle seuls nos yeux et nos yeux seuls peuvent nous guider.

Z as in Zeitgeist

I thought it would be interesting to end with a German word that has found its way into the English, Japanese and Spanish dictionaries. I also think that it is fitting since so many of the artists that Savoie admires (Beuys, Penck, Baselitz, Kiefer) are from that culture. Zeitgeist means the spirit of the time and, in its original German meaning, it applies only to past events. It describes the intellectual and cultural climate of an era. When I think of Roméo Savoie's work, this retrospective stretching over forty years, I realize how much his art has been instrumental in defining Acadian modernity, a modernity to which he has been constantly present with generosity, integrity and courage. His work is a true gift to our perception of the world, and his life, as would be the case in Japan, is a living treasure – thank you for all that, my friend, and so much more.

Merci, cher ami, pour tout ceci et pour beaucoup plus.

Abécédaire « Symposium d'art actuel, cathédrale éclatée »

Caraquet, Nouveau-Brunswick, juillet 2009

A COMME ARTISANS

Cela aurait aussi pu être Acadie, Académique ou Anonyme, mais Artisans recouvre un peu toutes ces fonctions et ces dimensions. En effet, l'art en Acadie a été le fait d'artisans, de gens qui ont fait de leur mieux avec les moyens du bord. Ce n'est que depuis les années soixante-dix qu'il existe un art que l'on pourrait appeler un art académique, au sens où il est fondé sur une soi-disant connaissance des arts. Je dis soi-disant car rien n'est jamais réglé en art, et il se peut que le prochain autodidacte, le prochain Van Gogh soit déjà en train de construire une œuvre anonyme, modeste, effacée quelque part. Le fait que notre attention se porte aujourd'hui sur l'espace cathédrale, monumental sera peut-être une ironie de notre siècle, alors que les gens seront forcés de vivre dans des habitacles fermés ressemblant à des vaisseaux spatiaux, l'air étant devenu irrespirable. Dans les vidéos qui subsisteront de notre époque, peut-être nous verront-ils, perdus dans un espace si grand que nous n'avons pas su habiter et, surtout, gérer autrement qu'en lui imposant notre ego, notre science, une science que nous avons crue pour un moment invincible. Nous contre la nature : une attitude que ceux qu'on appelle, parfois avec condescendance, les artisans n'ont jamais favorisée, leur œuvre anonyme, modeste et effacée s'étant plutôt voulue un prolongement de la nature pour laquelle ils ont exprimé émerveillement, respect et une familiarité souvent éloignés de l'art qui, lui, s'est plutôt voulu le témoin, le porte-parole et le juge des idées en cours d'une époque. La nôtre ne fait pas exception.

B COMME BÂTISSEURS

Le bâtisseur est celui qui fait des bâtiments, des bâtisses. C'est un peu la métaphore de l'architecte, dont la science se combine à l'esthétique pour créer des œuvres qui impressionnent, comme on peut en voir présentement en Asie et au Moyen-Orient, où les efforts de rattrapage avec l'Occident donnent souvent dans la démesure, dans le monumental, pour ne pas dire dans la mégalomanie.

À l'opposé, le grand auteur italien Italo Calvino, dans ses *Conférences américaines*, a émis l'idée que l'avenir est à la miniaturisation, le monde se préparant à redevenir nomade, comme au début, avant que l'agriculture nous oblige à demeurer sur place et nous amène à développer une conscience domestique et frontalière. Des frontières qui n'ont cessé depuis de s'agrandir et de bouger au gré des guerres et des époques. De nos jours, alors que les distances raccourcissent, nous n'avons plus vraiment besoin de cette lourdeur dans laquelle nous avons trouvé refuge.

Les nouveaux bâtisseurs construisent en miniature, inventent de nouvelles puces, s'appliquent à réduire le monde et à produire des engins ultraperformants avec lesquels ils vont soulever des montagnes. Il y a présentement des collectionneurs de puces informatiques, et les plus anciennes d'entre elles feront sûrement de l'effet, dans le musée du futur, un effet comparable à l'émotion et à l'émerveillement que nous ressentons dans les grottes où se sont faites les premières peintures.

C comme Cathédrale

Je me souviens de cette journée de printemps de la fin des années soixante-dix où je suis entré dans la cathédrale de Chartres en France, la seule cathédrale qui possède toujours ses vitraux originaux. Notre-Dame de la belle verrière. On ne connaît pas l'artisan de ce chef-d'œuvre. Le plus beau bleu au monde fondu dans le verre, qui donne une luminosité qui se maintient toujours et qui a dû éblouir des millions de gens à travers l'Histoire. À côté de nous, un guide expliquait à un groupe de touristes américains que la cathédrale représentait la somme de toutes les connaissances d'une époque. Je me souviens surtout d'avoir compris pleinement la signification d'un mot vaguement associé à la foi catholique et dont j'avais beaucoup entendu parler sans vraiment y porter attention : le mot « ferveur » s'était ici incarné dans un bâtiment. Ces gens avaient la foi, et la cathédrale était leur œuvre de foi. Ils croyaient en quelque chose. Le reste n'avait pas grande importance. Je me suis alors demandé en quoi je croyais. En quoi est-ce que nous croyons, à notre époque, en tant que civilisation. Bien sûr, nous croyons en la science, mais c'est une foi plutôt commode. La science nous explique le monde et nous y croyons en attendant d'autres explications. Des *updates*, comme on dit aux nouvelles. Il n'y a pas ici de finalité, de mystère, de ferveur. Le fait de savoir que $E=mc^2$, la célèbre formule de la relativité d'Einstein, ne nous dit rien de plus et ne nous portera sans doute pas à construire une œuvre dans laquelle nous nous investirons corps et âme.

D COMME DÉCRYPTAGE

Il est fascinant de voir à quel point les grands monuments de l'histoire du monde renferment une énigme que l'on s'évertue encore à résoudre de nos jours. Les statues de l'Île de Pâques, les alignements concentriques de Stonehenge, les pyramides et même les cathédrales comportent tous une partie plus ou moins ésotérique qui laisse croire, qui donne à rêver, à fabuler, à inventer une connaissance occulte, la présence de forces surnaturelles ou la visite des extraterrestres.

L'art comporte aussi son lot d'énigmes et on reste ébahi devant certains artistes, et certaines œuvres dont la technique ou le sujet nous échappent. C'est le cas de l'œuvre de Jérôme Bosch ou de Léonard de Vinci et, plus près de nous, de Marcel Duchamp ou de Joseph Beuys, œuvres dont le sens très ambigu peut donner cours à de nombreuses explications et allusions. Ces œuvres peuvent d'ailleurs facilement servir de base à la constitution d'une mythologie, d'une énigme que certains artistes eux-mêmes ont largement alimentée.

E COMME ESTHÉTIQUE

Le mot esthétique est généralement associé aux salons de coiffure. Il constitue également l'une des trois grandes dimensions de la philosophie, les deux autres étant la métaphysique, qui s'intéresse aux questions qui n'ont pas de réponse, du genre « Qui nous a mis sur terre ? », et l'éthique, qui s'intéresse aux questions morales qui changent avec les époques, par exemple « Le mariage entre homosexuels va-t-il mettre fin au genre humain ? » L'esthétique, elle, s'intéresse à définir et à circonscrire le beau ou à discourir sur lui, une notion qui pourtant change avec toutes les époques. En fait, le beau est sans doute une projection et la seule chose qui change serait le fait qu'il s'agit d'une convention qui évolue. Ce qui restera de notre époque témoignera de cette convention. Le fait que des millions d'hommes salivent à la vue d'Angelina Jolie sera sans doute vu comme l'une des extravagances du début du troisième millénaire, de la même manière qu'il est difficile de croire que les femmes opulentes, pour ne pas dire débordantes de Rubens sont ce qui nous reste de l'idéal de la beauté selon les canons de l'esthétique baroque. Pour nous, la beauté devient évidente du moment où elle se voit renforcée, fabriquée, reproduite sous l'effet de la monumentalité, de la grégarité, de la publicité. Le fait que des millions d'hommes ont vu en Angelina Jolie un modèle peut nous sembler décevant, mais cette idée s'accorde avec celle de Warhol, lui aussi fasciné par la célébrité et la reproduction, par la répétition. Nous sommes plus souvent impressionnés que séduits. Les artistes fonctionnent la plupart du temps dans cette marge, car entre la célébrité, le succès et la conscience, il y a toujours l'obsession de changer le monde, de lui trouver une nouvelle beauté.

F COMME FUSÉE

La première tentative pour atteindre le ciel fut celle de la tour de Babel, que les humains avaient entrepris de construire dans le but de parler directement à Dieu. D'après la Bible, Dieu considéra qu'il s'agissait là d'une tentative très orgueilleuse des humains. Pour leur donner une leçon, il leur envoya chacun une langue différente, et puisque plus personne n'arrivait à se comprendre, le projet tomba à l'eau.

On croit maintenant que la tour de Babel était en fait l'une de ces immenses ziggurat, sorte de pyramide que l'on construisait à Babylone et qui, la technologie aidant, trouva son prolongement dans les pyramides d'Égypte. Ailleurs, d'autres bâtiments furent mis en chantier, toujours dans le but de s'élever jusqu'au ciel. Les cathédrales, les gratte-ciels, les tours du World Trade Center furent aussi construites pour satisfaire un élan de ferveur dicté par la foi ou la science. Il s'agit la plupart du temps de travaux gigantesques auxquels des milliers de personnes ont contribué de manière anonyme, dans l'espoir d'accomplir une œuvre collective. Les fusées qui partent pour l'espace manifestent le même esprit, puisqu'elles aussi sont la somme des connaissances d'une époque et incarnent le rêve de se rendre le plus loin possible dans cette volonté de parler à Dieu.

Peut-être Dieu ne voit-il pas cette tentative d'un très bon œil puisque, selon le romancier américain Norman Mailer, les Américains seraient allés sur la Lune pour une seule raison : leur ego, leur orgueil – ce ne serait pas pour rien que les deux mots se ressemblent.

G COMME GOLDSWORTHY

Andy Goldsworthy est un artiste britannique dont l'œuvre est associée à un mouvement que l'on appelle, à défaut d'un meilleur mot, l'art nature. Il s'agit, pour les tenants de cette forme artistique, de créer des œuvres en s'appuyant sur des matériaux complètement naturels et qui n'interfèrent pas avec l'environnement. Un art nomade.

Goldsworthy a défini son art dans une déclaration qui rend compte de la modestie et de la fragilité de son œuvre, une œuvre dans laquelle le temps s'oppose à la monumentalité, à la durée et à l'éternité dont l'art se veut traditionnellement une composante. Il affirme : « J'apprécie le fait d'utiliser uniquement mes mains et des "outils" trouvés – une pierre pointue, la pointe d'une plume, des épines. Je tire avantage des possibilités que chaque journée apporte : s'il neige, je travaille avec de la neige ; quand les feuilles tombent, je me sers des feuilles ; un arbre renversé devient une source de brindilles et de branches. Je m'arrête à un endroit où je ramasse des matériaux parce que je sens qu'il y a quelque chose à découvrir. C'est là où je peux apprendre. »

Goldsworthy documente son œuvre au moyen de photographies signées et vendues ; c'est la seule manière d'avoir accès à son travail, dont la majeure partie a disparu.

H comme Heizer

Ce n'est pas pour rien que j'ai choisi de faire suivre l'œuvre de Goldsworthy de celle de Michael Heizer. Ces deux artistes partagent une même esthétique, soit celle de faire des œuvres en dehors de la galerie d'art mais qui, par le biais de la photographie, reprennent le chemin de la galerie, car il faut bien que le marché soit alimenté, condition *sine qua non* du système de marchandise dont l'art est une composante.

Heizer fait partie de la première génération d'artistes qui se sont intéressés à ce phénomène, mais sa mégalomanie, comparée à la modestie de Goldsworthy, est impressionnante. Une des œuvres qui l'a fait connaître a pour titre *Double Negative*, une tranchée de mille cinq cents pieds creusée dans le désert du Nevada. Depuis le début des années soixante-dix, Heizer travaille à une œuvre monumentale ayant pour titre *City* et qui n'est pas encore ouverte au public : il s'agit d'une installation, en fait d'un environnement, financé au coût de vingt-cinq millions de dollars par diverses institutions. Le complexe comprend cinq parties, la deuxième mesurant de soixante-dix à quatre-vingts pieds de haut par un quart de mille de long et qui devait être terminée vers 2010. On ne sait pas où se trouve cette œuvre, qu'on ne peut repérer que sur des photos satellite.

Michael Heizer a dit à son sujet : « Tant qu'à faire une sculpture, pourquoi ne pas la faire pour qu'elle puisse rivaliser avec un Boeing 747, l'Empire State Building ou le Golden Gate Bridge. »

I comme Informatique

On dit que les hiéroglyphes égyptiens comportaient trois sens, dont un, symbolique, qui nous échappe totalement. De la même manière, l'écriture cunéiforme s'est largement perdue du fait que les Assyriens ne faisaient pas cuire les tablettes d'argile sur lesquelles ils écrivaient. Il est évident que le papier, lui aussi un support très fragile, a fait en sorte que nous ayons perdu beaucoup d'information. Même chose pour la cellulose sur laquelle se sont abîmés tant de documents visuels. Il semble que le support se fragilise à mesure qu'augmente la quantité d'information en circulation.

L'informatique est sans doute le dernier-né des supports et, toujours dans cette continuité, il est plus fragile que tous les autres. Nous savons tous qu'une distraction, une mauvaise manœuvre ou un problème d'ordinateur peut annuler une journée de travail. L'art, ou du moins l'art tel qu'il se pratique ces dernières années, est devenu lui aussi dépendant de ces supports fragiles. Il s'est en ce sens grandement éloigné de la lourdeur, de l'encombrement qui nous apparaissent comme la nostalgie d'une époque où l'art prenait du temps et de l'espace à se réaliser, à se déplacer et à durer.

J COMME JUMBO

Jumbo est un nom américain, d'abord donné à un éléphant du cirque Barnum, un nom qui fait penser au Pop Art et qui fait désormais partie de la langue française. Il pointe la fascination que nous avons pour le format. L'art n'y échappe pas.

C'est sans doute Jackson Pollock qui a entamé la rupture définitive avec ce que l'on appelait alors la peinture de chevalet, lorsqu'il a mis sa toile sur le plancher et s'est mis à danser dessus et autour en lançant des jets de peinture dans une sorte de transe picturale. Puis le format s'est mis à grandir. Barnett Newman, dans sa volonté d'imposer la couleur, l'étala sur des toiles monumentales dans un mouvement que les artistes pop reprirent, suivis par d'autres artistes, surtout américains. Cette exagération du format s'apparente à une stratégie que les Américains ont adoptée dans d'autres formes d'art, la musique entre autres, dont ils ont électrifié les instruments pour en augmenter le volume – c'est le cas du rock and roll – et la cuisine, où ils ont *boosté* le goût des hamburgers pour en vendre des millions. Ils ont aussi répandu leur art partout dans le monde, si bien qu'ils ont changé le cours et surtout le format des œuvres d'art pour mieux les imposer. Quelqu'un a dit que « lorsqu'on n'a rien à dire, on hausse la voix » ; dans ce cas-ci, on augmente le volume.

K COMME KITSCH

Le kitsch ou la kétainerie est un aspect de la représentation qui, au vingtième siècle, semble être devenu une source d'alimentation du gigantesque. On le retrouve souvent en art, mais aussi dans toutes les formes d'activité où, associé au mélodramatique, il donne des produits séduisants et assurément d'une grande popularité : la musique pop, les défilés militaires à la Kim Jong-il (un autre K), les discours politiques à la Khrouchtchev (un autre K) en Union soviétique, ou encore les sculptures en faïence dont Jeff Koons (un autre K) s'est inspiré pour en faire des versions gigantesques, notamment un Michael Jackson posant avec son singe Bubbles, rendant ainsi hommage à trois niveaux de kétainerie – Michael Jackson, les miniatures en faïence et le système commercial de l'art qui ne sait plus si cette kétainerie est de l'art ou un canular. Mais le mot art se trouve dans canular, et sans doute y a-t-il de cela dans toute production : il suffit d'écouter certains artistes expliquer leur œuvre pour saisir à quel point le kitsch est vivant, à quel point il se nourrit de bons sentiments et à quel point nous en faisons tous partie.

De la même manière que tout Acadien cherche son *inner* goéland – comme m'avait dit l'un de mes amis chiac –, peut-être que tout artiste cherche son *inner* kitsch.

L comme Limite

Il est intéressant de constater à quel point l'art, et la sculpture en particulier, a développé des perspectives qui ne connaissent pas d'autre limite que celle de l'imaginaire.

Lorsque Duchamp, en 1919, signe un urinoir, il fonde une pratique qui rassemblera plusieurs disciples – de Manzoni, qui signait des boîtes de sa merde, à Yves Klein, qui signait le ciel, en passant par Iain Baxter qui, au nom de l'esthétique, réclamait des paysages complets. Physiquement, les œuvres d'art ont pris de l'ampleur et leurs limites sont souvent ambiguës. Où s'arrête une œuvre telle que celle de Heizer dont on parlait plus tôt, ou celle de Christo et Jeanne-Claude avec *Running Fence* ? Quels sont les facteurs qui limitent ces œuvres et pourquoi s'arrêter, alors que l'on pourrait transformer la terre entière pour en faire une œuvre d'art ? Peut-être est-ce là le but de ces artistes, dont la mégalomanie s'apparente à celle de dictateurs, l'exemple d'Hitler venant à l'esprit. Hitler, qui fut l'un des plus célèbres artistes ratés : il voulait détruire Berlin et, sur les ruines, reconstruire une nouvelle ville, ce qui n'est pas loin d'ailleurs de ce qui se passe présentement à Beijing.

M comme Monumental

La monumentalité est une valeur dont l'effet de propagande ne doit jamais être sous-estimé, et les États s'en sont toujours servis pour impressionner la visite. Alliée à l'effet démagogique des chiffres, la monumentalité est sans doute ce qui frappe le plus l'imaginaire. On dit que le palais de Darius à Persépolis, dans l'Iran actuel, mesurait cent vingt-cinq mille mètres carrés. Chaque visiteur devait traverser d'immenses salles remplies de représentations des exploits de l'empereur. Avant d'arriver en sa présence, l'on développait un respect et une crainte qui devaient modifier les rapports que l'on avait avec lui. Une telle entreprise rappelle le Versailles de Louis XIV, avec ses soixante-sept mille mètres carrés, ses quarante-deux kilomètres d'allées, ses sept cents pièces et ses trois cent soixante-douze statues, etc. Les chiffres ont toujours eu un ascendant sur l'imaginaire. On pourrait refaire le même exercice avec les pyramides, l'Acropole, avec les alignements de Stonehenge ou l'aménagement urbain de Dubaï où se trouve le Burj Dubaï (désormais Burj Khalifa), présentement le plus haut édifice au monde avec ses deux mille six cent quatre-vingt-quatre pieds. L'art a toujours été associé à ces manifestations et c'est un fait qu'il n'y a pas de limite aux sommes d'argent que peut engloutir cette activité lorsqu'elle est alliée aux moyens et à la volonté d'un État déterminé à se démarquer à tout prix. On en a eu un exemple frappant l'an dernier, lors de l'ouverture des Jeux olympiques d'été à Beijing.

N comme Nature

À l'art classique, dominé par les modèles académiques issus de l'Antiquité, a succédé l'art romantique dominé par la nature. Dans une brève histoire de la philosophie, le penseur états-unien Daniel Boorstin affirme que celle-ci peut se diviser en trois mouvements : Dieu a créé l'homme, l'homme a créé Dieu et l'homme a créé l'homme. Nous en sommes à ce dernier stade, qui correspond à la période de l'art moderne, un art qui met l'artiste et ses fantasmes au centre de son entreprise. Cet art a débuté par la représentation de la nature, à la fois une inspiration et une manière de penser et de vivre. On s'émerveille et on s'émeut d'un coucher de soleil, des tempêtes ou d'un paysage admirable. Mais très vite, et surtout en réaction à certains progrès de la science et à la révolution industrielle qui bat son cours, on développe une conscience sociale de tout ce qui biaise la nature écologique ou la nature humaine. Nous en sommes toujours là, et l'art nature est sans doute le dernier chaînon d'une longue suite de mouvements qui peuvent tous se rattacher d'une manière ou d'une autre au romantisme.

La nature offre des vues splendides, « sublimes », pour reprendre l'expression des romantiques, et l'art a cherché à rendre compte de la beauté, mais aussi de la splendeur magistrale, gigantesque de cet espace, alors que les forces déchaînées de la nature peuvent générer un spectacle aussi émouvant que celui de l'art.

O comme Ogive

Les cathédrales ont pu exister grâce à l'introduction de l'arc brisé ou de l'arc en ogive : contrairement à l'arc en plein cintre développé par les Romains et qui ne supportait que des édifices lourds et peu propices à la lumière, l'arc brisé devint, en favorisant la hauteur, l'obsession des bâtisseurs de cathédrale.

On peut retracer l'origine du gothique entre 1137 et 1144, au moment de la reconstruction de l'abbatiale royale de Saint-Denis par l'abbé Suger. Conseiller de Louis VI, Suger voulut faire de Saint-Denis le foyer spirituel de la France divisée. L'abbaye devait être un lieu de pèlerinage important et le centre d'une ferveur patriotique. Suger insiste dans ses très nombreux écrits sur deux notions : l'harmonie et la lumière. L'harmonie, c'est-à-dire un rapport mathématique parfait entre les parties, ce qui, selon lui, constitue la source de toute beauté ; la lumière, correspondant à la lumière divine, révélation mystique, coulant à flots dans le chœur par les vitraux. À ceci s'ajoute le symbolisme dionysien des nombres et de la lumière.

Il est assez étrange et paradoxal de constater que, de nos jours, le mot ogive est surtout employé pour désigner les ogives nucléaires, ces fusées porteuses de destruction massive ayant adopté la forme des anciens arcs qui devaient servir à élever les cathédrales jusqu'au ciel.

P comme Peinture

Durant le premier Congrès mondial acadien, qui s'est tenu dans le Sud-Est du Nouveau-Brunswick en 1994, j'ai travaillé, avec Roméo Savoie et Marie Hélène Allain, à l'organisation d'une exposition de peinture où l'on voulait rendre compte de l'histoire de l'art acadien. Évidemment, il a été très difficile de trouver des exemples pertinents d'une activité qui s'est faite dans des conditions difficiles et souvent peu considérée. On se plaint présentement du peu de rayonnement de l'art acadien, mais il faut voir qu'il en est encore à ses débuts, du moins si l'on tient compte d'une volonté de s'inscrire dans l'histoire.

L'exposition s'est tenue à l'école Clément-Cormier de Bouctouche, dans diverses classes, et aussi dans le gymnase, Roméo voulant qu'on y expose de grands formats : selon lui, l'art acadien doit s'extraire des formats qu'on pourrait qualifier de plus « domestiques » pour aller vers les formats institutionnels généralement réservés aux galeries d'art, aux musées ou aux collections publiques. Lui-même est un grand admirateur d'Anselm Kiefer et de peintures qui sont assurément parmi les plus grandes qu'il m'a été donné de voir.

Parallèlement à cette monumentalité, il y a des œuvres qui ont marqué le cours de l'histoire de l'art et dont la taille est si réduite qu'on a peine à croire qu'elles aient généré autant d'intérêt. C'est le cas de *La persistance de la mémoire* de Dali ou de *La jeune fille à la perle* de Vermeer. Vivons-nous dans une époque arrogante ?

Q COMME QUANTIQUE

La théorie quantique a une triple origine : – l'étude par Planck du rayonnement du corps noir sur la base de quantification de l'énergie lumineuse (nous sommes en 1900, c'est la fin du postimpressionnisme – Gauguin, Cézanne et Toulouse-Lautrec sont toujours vivants) ; – l'article d'Einstein sur l'effet photoélectrique, dans lequel il reprend l'hypothèse de Planck, et invente le grain de lumière (nous sommes en 1905, l'année de la première exposition du fauvisme) ; – le modèle de Bohr, qui explique le spectre de raies de l'atome en supposant que l'énergie des électrons dans l'atome est quantifiée (nous voici en 1913, à la fin du cubisme, une école qui, selon Fernand Léger, libéra l'art en le relançant non pas vers la représentation mais vers l'invention).

Un de mes professeurs à Mount Allison affirmait que ce qu'il faisait était aussi compliqué que de la physique nucléaire et donc inaccessible au commun des mortels. La théorie quantique est-elle plus complexe que le cubisme ? Picasso et Braque ne peignent plus les objets comme ils les voient mais plutôt comme ils les pensent, loi que les tenants du cubisme qualifient alors de quatrième dimension, donc associée au temps, un problème majeur qui voit le jour au début du siècle à la fois en art, en sciences et en philosophie.

R comme Résumé

Se ramasser, se réduire, se résumer, devient de plus en plus difficile, même si c'est le genre d'exercice auquel on se trouve constamment confronté, et il devient de plus en plus difficile de produire une synthèse. C'est un fait que nous assistons à une croissance démesurée de la quantité d'information en circulation. En parallèle ou dans le même ordre d'idée, nous assistons à une accélération qui va s'intensifiant. C'est l'une des grandes particularités du vingtième siècle et elle ne semble pas connaître de répit dans le vingt-et-unième. Pour parer à cette surcharge, les médias nous ont habitués à des raccourcis de plus en plus réduits de l'information, privilégiant le matraquage à l'analyse. L'art aussi s'est joint à la course et son grand avantage tient sans doute au fait qu'il est possible de voir une exposition en un temps record alors qu'il faut du temps pour lire un livre ou voir un film. L'espace et le temps sont désormais liés dans une étrange manifestation où le temps semble faire de plus en plus défaut. On a peine à imaginer de nos jours le temps qu'il a fallu pour construire les pyramides ou les cathédrales. En ce sens, le monumental peut aussi se perdre dans des impressions fugaces, des moments fugitifs, des résumés. C'est un peu ce que j'ai essayé de faire en vous proposant des instantanés à partir de thèmes qui, chacun, pourraient donner lieu à une conférence, un article ou un ouvrage. Le monumental a aussi sa mesure, le temps en est une des plus importantes et des plus impressionnantes : il a fallu trente ans et cent mille hommes pour construire la pyramide de Khéops.

S comme Sculpture

La sculpture est sans doute l'une des formes d'art ayant connu les plus grands bouleversements depuis la fin du vingtième siècle, du fait qu'elle se soit accaparée à peu près tous les matériaux. Si autrefois elle s'est surtout exprimée au moyen de matériaux avec lesquels elle a été identifiée pendant des générations – la pierre, le marbre, le bronze, le bois ou le plâtre –, elle s'est adjointe au début du siècle dernier le métal soudé, le plastique puis la fibre de verre et autres matériaux industriels. La grande révolution s'est produite au moment où les artistes se sont mis à réfléchir à l'espace, ce qui les a menés à intégrer l'artiste dans sa production au moyen de la performance et de la vidéo, en temps réel comme en différé. La révolution des matériaux s'est surtout incarnée dans l'œuvre de l'artiste allemand Joseph Beuys, dont la mythologie fascine et agace, et qui a laissé une œuvre comparable à celle de Marcel Duchamp, un autre artiste dont se sont réclamées toutes les avant-gardes du vingtième siècle. Beuys, pour revenir à lui, est d'avis que « le seul acte plastique véritable consiste dans le développement de la conscience humaine ». Sa notion de la sculpture s'est souvent exprimée de manière gigantesque, incorporant des installations faites de matériaux d'une lourdeur impressionnante s'étendant sur une grande distance, comme cette œuvre ayant pour titre *7000 chênes*, chaque arbre planté étant accompagné d'une colonne de basalte ou de pierre volcanique qui recouvre en grande partie le fond des océans. Beuys a voulu redonner à la sculpture et à l'art la fonction sociale et la poésie qu'elle semblait avoir perdues.

T comme Trivial

Le Trivial naît sans doute d'une surcharge d'information générée par les médias, et surtout les médias électroniques, qui réagissent instantanément ou presque à un événement et qui obéissent à des impératifs de programmation qui les rendent constamment à l'affût de la nouveauté. Cette situation a des conséquences en art, puisque le public, souvent, s'intéresse davantage au discours sur l'art qu'à l'art lui-même. Il est vrai que la quantité d'œuvres qui nous est proposée laisse d'ordinaire une impression de frustration, du fait qu'on ne pourra pas tout voir, tout lire ou tout visiter. L'art a cependant appris à composer avec cette situation même s'il est vrai que l'art ne peut faire autrement. Une œuvre d'art, c'est un tout petit signal qui, s'il n'est pas amplifié par les médias, restera un tout petit signal. C'est le cas en Acadie comme partout ailleurs, où les médias ont créé une nouvelle place publique, place où s'échangeaient autrefois toutes sortes d'informations. En ce sens, le monumental, l'espace illimité des sources d'information, renforce un signal qui lui aussi doit être renforcé et il devient de plus en plus difficile de produire une œuvre organique, autonome et intègre. De nos jours, la place publique a pris une ampleur planétaire. On s'en est rendu compte lors du décès de Michael Jackson. Face à ce phénomène, il y a celui de l'anonymat, intolérable pour certains, qui donne lieu à toutes sortes de manifestations, à n'importe quoi en fait pour obtenir ce que Warhol a appelé les quinze minutes de célébrité. Plusieurs expériences artistiques font partie de cette manœuvre, de cette trivialité.

U comme Underground

L'Underground, du moins sous son appellation anglophone, est un phénomène des années soixante, soixante-dix, qui s'apparente à la marginalité, c'est-à-dire qu'il serait une sorte de réservoir dont certains artistes arrivent à s'extraire pour émerger au grand jour. C'est un peu le phénomène des ovnis artistiques dont quelqu'un me parlait l'autre jour, de ces carrières qui surgissent de nulle part mais qui en fait ont été préparées de longue date dans la solitude. Il y en a de moins en moins car l'important, désormais, n'est plus de circuler dans la noirceur mais d'être reconnu, de s'élever, ce qui est un peu le propre de la nature humaine dans sa volonté de dominer l'espace, d'où cette propension à bâtir de plus en plus haut. Les cathédrales ont été le phénomène d'architectes, d'artistes, d'artisans, dont la plupart nous sont restés inconnus. Ils travaillaient dans l'underground. On ne sait pas qui est l'auteur de la belle verrière de Notre-Dame de Chartres, sauf qu'on sait qu'elle a été produite dans un atelier à Saint-Denis. Il en va de même pour de nombreux auteurs de chefs-d'œuvre, dont nous avons perdu la trace. L'idée de génie, qui s'illustre par la signature, est apparue à la Renaissance. Il est très difficile pour un artiste de résister à ce courant qui circule au-dessus ou autour, à cette tentation, et je me demande si un artiste qui construit une œuvre importante ne fait pas tout pour ne pas sombrer dans la célébrité et demeurer plus ou moins inconnu. La notoriété ressemble en fait beaucoup à la monumentalité.

V comme Virtuel

La virtualité est sans doute une réponse au fait que nous vivons désormais sous l'effet d'un brouillage et qu'il devient de plus en plus difficile de départager le réel de sa représentation. Cette question a toujours fasciné les artistes, pour qui la représentation est un élément central dans la production d'artifices, d'illusions, ce qui nous porte à croire que l'art et la science ont toujours été liés dans la création d'outils que l'imaginaire peut ensuite s'approprier. Ainsi, ce fut le cas pour l'invention de la peinture à l'huile, qui permit la reproduction de plus en plus détaillée du réel ; de la formulation des lois de la perspective ; de l'invention de la photographie, qui confirma les lois de la perspective ; de l'utilisation du tube en plomb, qui permit de peindre à l'extérieur, etc.

De nos jours, la science nous a donné la numérisation, qui favorise la circulation sans précédent d'images, mais ce foisonnement, cette quantité représentent comme toujours un appauvrissement. J'ai fait ma thèse de doctorat sur la photo américaine de 1950 à 1980 et j'en suis arrivé à une conclusion que je résumerais dans une formule : l'on perd en intensité ce que l'on gagne en accessibilité. Autrefois, se faire photographier était un événement, de nos jours c'est une distraction, le geste étant sans doute plus important que le résultat. La virtualité se tient quelque part dans ce processus.

W COMME WIGWAM

Les Autochtones ont créé le wigwam, structure fragile et temporaire adaptée à leur nomadisme, de la même manière que des architectes qui s'intéressent au problème des sans-abris dans les grandes villes ont conçu des abris transportables ou temporaires, légers et résistants. À côté de cette initiative, on peut opposer la mégalomanie de constructeurs dont les édifices sont devenus de véritables prouesses architecturales et techniques.

Les peuples des Premières Nations avaient une conception de l'art qui consistait à embellir ce qui existait déjà, plutôt que de créer des objets, des œuvres, dont l'utilité serait sans cesse remise en question. En fait, on s'entend généralement pour dire que l'art ne sert à rien et, comme Dieu, on prédit sa disparition prochaine qui n'est jamais définitive. Pouvons-nous vivre sans œuvres d'art ? Sans doute que non dans notre situation actuelle, mais notre conception de l'art est, elle aussi, appelée à changer de manière drastique à mesure que nous nous éloignons d'un enracinement dans l'époque agraire de notre évolution. Les Autochtones aussi se sont sédentarisés et leur art, en particulier l'art inuit récent, est une manifestation de leur adaptation au monde des Blancs. Ce n'est pas un secret de dire que cette forme d'art moderne, que ce soit celle d'Edward Poitras, de Robert Houle, de Rebecca Belmore ou de Jane Ash Poitras, est fortement influencée par une dénonciation du sort qui leur a été réservé à travers l'histoire récente, si l'on considère qu'ils habitent le continent depuis plus de quinze mille ans.

X COMME XYLOGRAPHIE

La xylographie est sans doute la plus ancienne manière de reproduire des images. Elle se fait à partir d'une planche de bois dans laquelle sont gravées en relief les lignes du dessin. Ces images, rudimentaires et souvent grossières, sont imprimées jusqu'à l'usure de la plaque, qui est ensuite copiée pour une nouvelle édition. Cette modeste entreprise est sans doute l'ancêtre d'Internet qui, de nos jours, nous donne accès à pratiquement tous les chefs-d'œuvre de l'histoire de l'art. Autant ces premières images avaient une dimension matérielle tangible, autant l'informatique nous distancie du monde en nous donnant l'illusion de nous en rapprocher. Nous n'avons jamais été aussi reliés, câblés, filés, mais notre faculté de communication s'en est trouvée considérablement affaiblie si on la compare aux époques où les moyens de communication étaient beaucoup moins sophistiqués. Recevoir une lettre personnelle, par exemple, est un événement autrement plus notoire que de recevoir un courriel. De la même manière, il fut un temps où les seules images disponibles étaient ces xylographies, qui nous apparaissent aujourd'hui comme très naïves, mais qui témoignent d'une époque où les gens devaient se déplacer sur de grandes distances pour voir des merveilles comme les cathédrales ou des peintures, et qu'ils devaient voir et mémoriser, avec leur seul regard, une opération autrement plus intense que le regard distrait avec lequel nous regardons les chefs-d'œuvre dans Internet.

Y COMME YEUX

On dit que les yeux sont le miroir de l'âme.

L'art, les arts visuels sont aussi des formes de miroirs.

Pendant longtemps, en Acadie, autant comme artistes que comme spectateurs, nous avons subi le regard des autres et nous avons mis du temps à générer notre propre regard ou du moins à l'inscrire dans l'espace public au moyen d'œuvres d'art que nous voulons, nous aussi, durables et substantielles.

Dans cinq cents ans, si jamais nous existons encore comme entité ou comme espèce, des gens s'intéresseront à ce dont nous avions l'air, à ce qui nous faisait rêver ou rire, et ces gens-là voudront jeter un regard sur notre production artistique.

C'est pourquoi être artiste est un travail dangereux et responsable.

Dangereux, car nous articulons une vision au prix de nos émotions, et responsable, parce qu'être artiste c'est aussi assumer un rôle de communicateur.

Il est bien possible que toutes nos œuvres disparaissent, ce qui serait un drame au-delà de l'Acadie, mais nous n'avons pas d'autre choix que de croire, naïvement ou pas, que nous ferons partie de ce regard global.

Je pense souvent à ce qui se produirait si, dans un lointain avenir, tout ce qui subsistait de notre civilisation serait la collection permanente de la Galerie d'art de l'Université de Moncton et que la seule manière de comprendre notre civilisation se ferait par l'étude minutieuse de cette découverte, comparable au tombeau de Toutânkhamon, qui était un pharaon mineur.

Z COMME ZAP

Zapper est un verbe nouveau, sinon dans le dictionnaire universel, du moins dans son rapport avec une certaine réalité plus virtuelle et décidément plus contemporaine. On peut se zapper en touchant un fil à haute tension électrique ou on peut zapper à distance une émission de télévision, et certains prêcheurs américains peuvent même s'enorgueillir de zapper le démon en dehors d'une personne. Quoi qu'il en soit, le mot zap est peu rassurant, car il nous rappelle la dimension éphémère de notre prétendue réalité. Cela dit, il est peut-être temps de zapper cette conférence et de passer à autre chose.

Abécédaire « Atlantic Canada Facing the Future »

International Council for Canadian Studies, Halifax, 22 août 2006

A comme Atlantique

La première lettre devrait en fait être A comme Alphabet, puisque c'est ce mode que j'ai choisi pour vous donner une vue forcément parcellaire et impressionniste de cette conférence ayant pour titre : *Other Headings: Atlantic Canada Facing the Future*. Évidemment, ce titre fait allusion à la prospective, une science qui en art n'a pas donné de résultats très probants, puisque la culture – entendue ici au sens de « arts et culture » – est une activité destinée à nous surprendre et donc, de par sa nature, imprévisible. Pour ajouter à la complication, on m'a accordé une grande marge de manœuvre quant au sujet et au style à adopter pour ce propos. J'ai opté pour une œuvre orientée davantage vers l'intuition que vers l'autorité ordinairement associée à la science. Une position plus proche de l'expérience que de l'étude.

Chaque fois qu'on me donne carte blanche, je me retrouve devant un dilemme, face à une myriade de possibilités, et je n'arrive jamais à me contenir, à me positionner clairement. Ma pensée se met alors à fuir et à déborder de tous bords tous côtés. Pour pallier une telle situation, qui risque de donner lieu à une cacophonie, je propose un système à la fois amusant et stimulant, soit celui de l'alphabet. J'ai toujours été fasciné par le classement des mots, mais aussi par la particularité moléculaire des lettres, qui permettent de créer des mots et de mettre en œuvre une entreprise de communication avec laquelle les écrivains sont familiers puisque l'alphabet constitue la matière première de l'écriture. C'est donc à titre d'écrivain que je m'adresse à vous aujourd'hui et non à titre de lieutenant-gouverneur ou quelque autre fonction qu'il m'a été donné d'occuper, qui cependant ne peuvent faire autrement que de colorer et de modifier mon propos.

Donc A comme Atlantique, puisque c'est le thème de la conférence, mais cela aurait tout aussi bien pu être Acadie ou Avenir ou Art, des sujets qui reviendront au cours des prochaines minutes. Il est très difficile, de mon point de vue du moins, de saisir les orientations globales en art et en culture dans les provinces atlantiques, pour la simple raison que la loi des deux solitudes qui s'applique à l'ensemble du Canada est tout aussi présente ici. Je pourrais donc vous parler de la culture québécoise beaucoup mieux que de celle de la Nouvelle-Écosse et même de ma propre province, le Nouveau-Brunswick. Bien sûr, il y a la barrière de la langue mais aussi celle de la provenance, de l'histoire ou de la région que nous habitons. Entre St. John's et Moncton, par exemple, il y a peu de liens, et entre l'Acadie et Terre-Neuve, même si le paysage, la réalité économique ou le mode de vie semblent offrir de grandes similitudes, il y a peu d'échanges et donc peu de moyens de comparaison ou de reconnaissance de ces similitudes. Je crois, en ce sens, qu'au lieu de se jumeler à des villes en France ou en Louisiane, il serait avantageux, dans l'avenir, de faire des opérations similaires entre les villes de notre région.

L'avenir est source d'angoisse en Acadie et je me demande si les provinces de l'Atlantique n'ont pas emboîté le pas dans cette crainte. Nous faisons souvent référence au passé, à notre volonté de donner suite au présent, que nous concevons comme une sorte de résignation. L'avenir demeure quelque chose de flou qui nécessiterait un investissement massif de volonté et d'optimisme, éléments difficiles à trouver sur le marché et dont la déficience nous donne une sorte de flegme, un stoïcisme, une manière de zen inconscient nous permettant de faire face à la vie avec le courage des mineurs qui retournent sous terre après un éboulement ou des pêcheurs qui reprennent la mer après une tempête dévastatrice. Évidemment, il y a une grandeur d'âme dans cette conquête vitale toujours à recommencer, qui nous donne cette joie de vivre que sous-tend une mélancolie qui n'est jamais loin. Nous savons tous que les grands comiques sont souvent des gens marqués par de grandes tragédies. Rire pour ne pas pleurer.

Alors oui, l'avenir. L'avenir qui se manifeste dans l'Attente, un autre mot en A, qu'on trouve dans nombre de productions artistiques contemporaines, dont *En attendant Godot* est peut-être l'archétype. L'avenir nous fait-il défaut ? En ce sens que nous hésitons à en parler autrement qu'en termes scientifiques : si la tendance se maintient, pour reprendre un slogan cher aux soirées électorales. On peut alimenter un ordinateur avec les données d'un sondage et prévoir des résultats plus ou moins probants à plus ou moins long terme, mais l'incertitude domine toujours, car le facteur humain demeure inconstant et manifeste une volonté persistante d'échapper à la robotisation dans un combat où l'imprévisible, aussi angoissant qu'il puisse être, fait figure de salut. En fait, ce dont il faudrait tenir compte appartient sans doute au monde des idées, à son évolution et à son incidence sur le mode de vie. Ainsi, la fuite vers l'Ouest constitue de nos jours une autre source d'angoisse, car les provinces de l'Atlantique se dépeuplent à vue d'œil ; même si ce mou-vement paraît faire partie de notre destin, il semble avoir donné lieu plus près de nous à une perception plus alarmiste et, pour certains, à un exil irréparable. Ce qui demeure sans doute le plus déplorable tient peut-être à l'impossibilité de se donner un défi, de se créer, de créer collectivement un défi qui nous motiverait à orienter notre avenir au lieu de vivre au gré du vent et des marées.

B AS IN BILINGUAL

Acadians are probably the only truly bilingual group in this country – for you would have to go far and wide to find an Acadian who does not speak English. Acadians did not have to sign up to be in an immersion class. Acadians were in the immersion process from the minute we entered school. Of course, if you were completely French, you would have to wait until grade three before you started spelling and reading in English. In the village where I was born – Saint-Simon, on the Acadian Peninsula – everyone spoke only French. English was a total abstraction for most of us. Remember that these were the days before television, so even though we listened to English radio from Charlottetown, we were much closer to CHNC, broadcasting in French from New Carlisle in the Gaspé area. French prevailed everywhere, although in my family the idea was that if you were to get anywhere in life, you had to speak English, which was seen as the language of success and opportunity.

What did such an attitude do to our mindset? For some, English is an effective language while French remains an affective one – marking the passage from "e" to "a". I am sure that there is a nice semiotic paper waiting to be written on the passage from the scream of "e" to the more relaxed "aaaahhh-men" of deliverance.

Even though this topic is interesting, it is not where I want to go with the subject of the coexistence of French and English cultures. I want to talk about the presence, mainly in the Moncton area, of a dialect – some say a language – known as *chiac* and which brings to mind the coexistence of our two official languages. In Moncton, people don't remember when or how they learned English. It is just one of those situations, you are surrounded by English, you just happen to walk into it and there you are, bilingual. Chiac is a unique phenomenon and I sometimes see it as the last bastion of resistance between French and English. Its rules are complex and it is mainly recognizable by the fact that it alters the French language to make it more compatible with English without completely giving in. Take the expression: "Lui, il m'a weirded out." The sentence starts as regular French but then moves to a verb, "weirded" – which doesn't exist even in English – made of an adjective transformed into a verb and then conjugated in French and, since we're in an intermediate mode, the finale might as well be in English. So "weirded out." But chiac is even more complex than that and it is evolving all the time. It reminds me of a makeshift communications strategy, acting as camouflage for those who are castigated as "les assimilés" – the assimilated ones.

For a long time, chiac was a ghetto phenomenon, but nowadays it is seen as a true Acadian identity; as novelist France Daigle once said, it has now become "legal." Daigle herself has gained a new notoriety by shifting from her first formal books to novels where chiac is becoming increasingly present. Yet, chiac is still a local phenomenon and if you write to friends in Madagascar and let them know that you've been "weirdé out," they might have a hard time understanding what you are telling them.

Is language a strategy of identity or a tool of communication? The monks, and later on the church people, acquired a great deal of power by being able to converse and write in Latin, which by then was a dead language.

So is French destined to be a dead language, in the sense that to be understood we have to write it in a totally different way than the one we use to speak?

This is causing a great deal of stress and creating a malaise for chiac, which, while it had been subdued for a long time, is now coming out with a vengeance. Kids in the schoolyard are learning to conform and those who don't are probably treated as nerds, who cater to the idea of standard language as an expectation of their future power.

C comme Conversations

L'oralité a toujours été centrale à l'imaginaire des habitants des provinces de l'Atlantique. L'artiste Mary Pratt parle en fait de la propension que nous avons à raconter, ce qui expliquerait qu'à la campagne, il faut parfois attendre la fin d'une conversation entre deux automobilistes qui se sont reconnus et qui ont décidé d'arrêter pour « veiller » au beau milieu de la route.

En 1995, à titre de premier conservateur de l'*Exposition d'art atlantique Marion McCain*, j'ai parcouru les quatre provinces de la région à la recherche d'œuvres pour cette importante manifestation culturelle. J'ai alors été frappé par le sens pratique des artistes de Terre-Neuve, que je mettrais en perspective avec le sens de l'expérimentation si présent dans les œuvres des artistes acadiens ou encore du réalisme que l'on trouve chez des artistes alliant tradition et modernité pour créer des amalgames répondant à ce que je définirais comme les deux grandes tendances de l'art de l'Atlantique. La première correspondrait à une propension à créer des anecdotes, des histoires où la poésie prend le pas sur la raison qu'exige souvent l'appréciation des œuvres contemporaines. Quant à la seconde dimension, celle de l'énigme, elle me semble plus proche d'un discours de haute voltige et d'une volonté de s'inscrire dans l'histoire de l'art, avec la connaissance et l'inquiétude intellectuelles latentes qu'une telle attitude fait souvent surgir.

Ce parallèle peut également s'appliquer à d'autres formes d'art. Je trouve souvent étrange le fait que l'Acadie semble avoir emboîté le pas à la seconde dimension et produit des œuvres qui rompent radicalement avec la tradition si fragile, celle qui nous a donné les tapis hookés et les animaux en plywood découpé. Le simple fait de le mentionner porte à rire, mais c'est ce rire que nous devrions endosser pour donner libre cours à une culture authentique.

Dans un autre ordre d'idées et en changeant de médium, je pense au Cape Breton Symphony, qui réunissait un ensemble de violoneux jouant ensemble, souvent à l'unisson, des pièces de folklore et qui produisait un son unique et inoubliable. Bien sûr, nous sommes loin de l'orchestre symphonique avec sa panoplie d'instruments, mais il y avait là quelque chose d'authentique et d'original sur lequel nous pourrions construire une singularité. Après tout, les cultures ne se sont-elles pas

constituées en magnifiant et en endossant leurs particularités populaires ? Je pense par exemple à des œuvres majeures comme celles d'Alistair MacLeod et Alex Colville, elles aussi fondées sur une relation populaire au sens où elles sont immédiatement accessibles de par leur sujet et
leur style, tout en demeurant extrêmement complexes par le travail, la
recherche et leur envergure humanitaire. À la lueur de ces exemples, il
me semble nécessaire de rallier les deux dimensions, de la tradition et de
la modernité, si nous souhaitons établir un dialogue, une conversation
entre passé et avenir, ce qui constitue l'une de nos forces majeures. Pour
que cette stratégie fonctionne, il est important de ne pas sombrer dans
l'une ou l'autre de ces dimensions mais de les garder en équilibre. L'idée
consiste toujours à maintenir l'ambiguïté, cette contradiction que nous
assumons dans une grande sérénité et avec un sens de la conversation, et
qui fait de nous des porte-parole où l'humour et la gouaille – une particularité présente dans des œuvres comme celles d'Antonine Maillet – ont
fait de beaucoup d'entre nous des communicateurs nés, pour ainsi dire.

D AS IN DREAM

"To sleep, perchance to dream," Shakespeare once wrote. Dreaming is an opportunity given to all of us at various times in our lives, and we have to seize the moment and realize that dreams are a very important part of our existence. The First Nations people, in their wisdom, believed that life was a dream and that dreams were more important than any other aspect of life. From a clinical point of view, it has been demonstrated that an individual who does not dream will, sooner or later, present symptoms that reveal emotional trouble. Experiments have been conducted where a person was awakened at the moment when he or she was about to enter REM sleep, during which dreams happen. These people developed mental disorders.

For all the polls and studies that have been conducted, very few – none to my knowledge – have involved inquiring into what people are dreaming about, to see if there were any similarities or correlations, to create something close to a map of our collective unconscious. I am fascinated by this concept, which relates to a more Jungian approach to psychology. Jung believed that the unconscious contains the history of humanity, deeply coded in every human being. In that respect, we have to understand that as we have inhabited this space for only four hundred years, our knowledge of it is much more an empiric than a visceral one. That is not the same with First Nations people who have been here, in some cases, for fifteen thousand years or more. Still, our imagination shares a space common to all of us, a space to which we are linked by a sense of experience that gives us a common ground for the future. The sea is probably that link and the sea is the source of all life. It is both comforting and challenging. We probably have more songs, legends and stories about the sea than on any other topic – including the forest, which has traditionally been the other aspect of our habitat and livelihood.

When reflecting on the future, I have always believed that societies as well as individuals live on dreams and ideas translated into visions – whether it is electoral programs or, on a more personal level, the creation of new endeavours –, which lead to an inspired leadership or simply help us to plan ahead. Sometimes, when I travel to regions which people seem to be abandoning, I ask myself this question: whether they have the drive to share a new dream, to borrow one or whether they will simply discard their own and adopt another where they will conform and obey instead of creating their own unique challenge.

Some people are willing to explain away this situation, arguing that it has always been like this, that we are somehow obeying a divine order which has condemned us to wander. We are the wandering Jews of this country. But why us? Why have we not been able to establish a workable dream here and why have we been so complacent in our resignation? If societies live on dreams and ideas, then artists and intellectuals have a huge responsibility in the production of this essential basic material, for they are the ones able to articulate and communicate these messages.

Instead of fostering an intellectual or artistic position that might align us with a universal approach, we have often retired to the past for comfort but also to repeat a crystallized notion of culture and indulge in it. Looking in from the outside, we are seen as simple and plain folk for whom the world has never changed.

As one of my friends once said, "If Canadians are a quiet, unassuming people, then living in New Brunswick, because of the population, its constitution, is like living in the most Canadian of all provinces."

But then another dilemma surfaces: Should we change people if we know they are happy as they are? And yet, what is happiness? The word itself alludes to a situation that everyone seeks yet, at the same time has never been able to recognize, except once it has past. People don't rave about their present happiness and we don't plan to be happy even though that is what we wish the most. No. Happiness is truly a nostalgic concept, a sort of dreamlike regression, like childhood, where everything is distorted, for better or worse.

E comme Écritures

L'écriture est une dimension importante de la nouvelle vision que s'est donnée l'Acadie contemporaine. En toute modestie, je dois dire que je fais partie de ce groupe d'écrivains qui, dans les années soixante-dix, ont commencé à générer une vision moderne qui tranchait radicalement sur celle, folklorique, que nous avions connue jusque-là. Il n'y a pas eu chez les anglophones de mouvement aussi radical car le phénomène de la rupture qui, selon moi, demeure toujours la meilleure définition de l'époque moderne, ne semble pas avoir eu là une influence aussi marquée. Mais il faut voir aussi que la volonté de faire table rase est un trait de culture qui nous relie à la tradition française, qui nous a donné, au siècle dernier, tant de -*ismes* et d'écoles correspondantes ; de la même manière, pour parler d'un autre genre de rupture, que les Français ont coupé la tête de leur roi alors que les Anglais, avec le temps, en ont tranquillement fait une figure protocolaire.

En Acadie, à ses débuts, ce mouvement de rupture radical semble être le produit des poètes et, plus tard, de quelques dramaturges, mais il ne s'est pas traduit par une aventure romancière d'importance ou la création d'essais destinés à mettre en circulation de nouvelles idées ou à en éprouver d'anciennes. La production littéraire, d'abord à forte connotation politique, semble maintenant se déplacer vers un narcissisme qui s'affirme surtout comme une résistance au cours normal des choses, car si la poésie, en raison de son urgence, est toujours la première parole d'un renouveau, les œuvres qui suivent, comme le disait Nicole Brossard, doivent traduire une volonté de résoudre les idées d'abord évoquées dans le poème sous forme d'énoncés intuitifs. Que s'est-il donc passé et pourquoi notre littérature est-elle restée obscure, même à elle-même ? Sans doute en raison de la présence et de l'affirmation d'une autre rupture, d'ordre social. D'une discontinuité entre la société acadienne et la nouvelle élite qu'elle a créée, qui ne s'entendent pas toujours sur l'orientation à donner à cette nouvelle pensée qui cherche à fusionner la tradition avec un schéma plus sophistiqué et dont la diffusion serait de plus grande envergure.

Il y a quelques semaines, j'assistais, à Fredericton, à la soirée d'ouverture de *Notable Acts*, un festival de nouvelles œuvres dramatiques anglophones, où j'ai pu mesurer la distance qui sépare les propos et les attitudes des deux groupes face à la dramaturgie. Chez les Acadiens, le *Festival à haute voix*, qui s'est lui aussi donné pour mission de faire découvrir de nouvelles œuvres, propose des pièces dont le propos est fondamentalement moderne : son travail souvent confus sur la forme vise à ramener le propos vers ce que l'on pourrait appeler les mythologies personnelles de nature plutôt complaisante. L'idée étant de *choquer le bourgeois*, célèbre maxime qui semble toujours le fondement du radicalisme en matière d'expression artistique. Le public, face à ces extravagances, exprime plutôt son ennui avant de sombrer dans une indifférence qui le renvoie au folklore dont on avait d'abord voulu l'extraire.

Il devient de plus en plus important de faire un travail qui semble de nos jours plus avancé chez les anglophones que chez les Acadiens, soit d'effectuer une réconciliation entre ce qui nous permet de nous identifier et de nous reconnaître, au sens où il est important d'établir, par la tradition, une continuité dans le temps, mais il devient aussi important de nous rassembler autour de certaines idées, d'un certain milieu, d'un certain espace. La littérature joue ici un rôle de premier plan car elle constitue la base du discours, au sens, pour reprendre un cliché, où elle demeure en attendant de devenir la chronique d'une collectivité.

F AS IN FUTURE

"I've seen the future, brother: it is murder," said Leonard Cohen.

I've chosen this quote because it seems to me that all predictions and prophecies usually turn out to be wrong. Christ said that before the end of times, there will be many false prophets and whenever I see a weather forecast, I am reminded of his words. So, not wanting to add to the lot of futurologists I would like to offer a few pointers from different perspectives, not to divert from, but to add to the general confusion.

I have noticed that the state of the arts at the beginning of a century usually forecasts the general trend for the years to come. If you remember the twentieth century – with Proust, Joyce, Kafka, Woolf, Picasso, Matisse, Kandinsky, Griffith, Stravinsky, and so many more –, all these artists were great promoters of rupture as a way for us to adapt our perception to the new machine era that was coming and that we lived through. This compares with the technological surge surrounding us in this new century. If numbers have anything to do with the forecasting of new visions, we are well on our way to a major perception adjustment that will create as much turmoil as the previous one. The board game is set and we only have to play – except that we do not know the moves and we probably will end up just as astonished as we were at the end of twentieth century. At this point, we are not overly optimistic, unlike those who proclaim that salvation will come as a result of technology's promise to bring us closer together and to make us more knowledgeable. I am not able to count the number of people promoting websites as a solution to staying up-to-date with activities and events taking place in larger cities and, conversely, to bringing our creations to the attention of those who surf the net day-and-night, for it is a known fact that you need to spur an interest in your creation before it can generate research.

One of the conclusions of this new age – and I know this from reading boring cut and paste essays from my students – is that we will see the end of the book era, an object that will remain a cultural icon but which will be too expensive to produce, too slow to access and too cumbersome to be practical. According to Italo Calvino, one of the great particularities of our times will be its lightness – The Unbearable Lightness of Technology – and its compactness – Thank God for iPods and other i-devices.

As one Apple ad says, "So much music, it makes me feel powerful." And this might be one of the problems – the fact that quantity is getting a definite edge over quality. But let's not panic. When I was at the École nationale supérieure des arts décoratifs in Paris, I had the pleasure of having Hervé Fischer, technology guru and philosopher, as my term paper director. The other day, during a Radio-Canada interview, I heard him say that he had lost faith in the idea of eternal progress, mentioning, as an example, that he could not read texts that were produced ten years ago because the software used to create them is no longer available. Yet, he can still access works that were copied by an obscure monk, a thousand years ago – guess where? – in a book.

G COMME GOUVERNEMENT

Dans ma pièce *Laurie ou la vie de galerie* qui a été jouée plus de deux cents fois – ce qui semble être une indication de sa pertinence sociale et populaire –, l'un des personnages dit à l'autre : « Mais Laurie, si tu travailles pas, qui c'est qui va te faire vivre » ; l'autre, en le regardant comme s'il était tombé d'une autre planète, lui répond : « Le gouvernement. Oublie jamais ça, Euclide, le gouvernement est plus riche que toi. » Il se tourne ensuite vers l'auditoire en lui disant de scander avec lui cette vérité élevée au rang de mantra : « Le gouvernement est plus riche que toi. » Chaque soir où j'entends le public redire avec incrédulité et soumission cette maxime risible, je me dis qu'il y a peut-être plus de vérité dans cette réplique que j'avais voulu en mettre, bien inconsciemment. Au début, la pièce devait être une dénonciation de la dépendance vis-à-vis des gouvernements, et comme cette dénonciation s'exprimait de manière sarcastique, elle paraissait aller dans le sens de l'opinion populaire. Est-ce que ce ne serait pas les Laurie de ce monde qui ont trouvé la solution alors que nous passons à travers tant de frustrations pour aboutir à quoi encore ? Ah oui, au bonheur que, selon notre idéologie, nous devons mériter au lieu de le réclamer comme un acquis.

Au début, je croyais que Laurie était Acadien et qu'il était une irrécupérable victime du chômage saisonnier, un programme palliatif qui est passé de solution de crise à mode de vie. En parlant avec d'autres personnes, je me suis aperçu que cette situation était répandue à une plus vaste échelle que celle, locale, que j'avais d'abord circonscrite. Toujours dans *Laurie*, l'une des chansons que compose Euclide, son aspirant gendre avec qui Laurie boit de la bière à longueur d'été en attendant un règlement des assurances pour un accident qu'il s'est fabriqué, affirme qu'« il y en a qui cherchent de l'ouvrage, d'autres du chômage ». Combien de fois avons-nous entendu des reportages faisant état de travailleurs d'usine qui n'ont pas un nombre suffisant de semaines d'emploi pour leur assurer le chômage durant l'hiver qui leur permettra de se rendre péniblement jusqu'à la prochaine saison de petite misère. Et ça dure, avec tous les problèmes sociaux qu'une telle situation entraîne. Bien sûr, il ne faut pas se baser sur cet exemple pour dresser le portrait des provinces de l'Atlantique, mais il faut dire, en raison de la particularité de l'économie de la région, qu'il est très fréquent dans le paysage.

Alors on se tourne vers le gouvernement. Que peut le gouvernement ? Aider les plus démunis mais juste assez pour qu'ils puissent survivre, et encore. Puisque nous parlons d'avenir, comment faire pour redonner à ces gens la possibilité de rêver à nouveau, comment faire éclater cette condition qui perdure depuis des années ? Il est bien évident qu'il est impérieux de changer la situation. Un de mes amis était d'avis qu'il faudrait bannir le verbe falloir de la langue française, car il nous confronte toujours au devoir et, plus souvent qu'autrement, à l'impossibilité de l'accomplir. En attendant, il faudra redonner aux gens le sens de la dignité, qui ne va pas sans un certain sens de la communauté. Jusqu'à présent, les études nous ont démontré qu'il y a toujours de l'argent pour faire des études de toutes sortes, mais peu de volonté de reconnaître les rêves des gens concernés, et surtout de capitaliser sur leurs réussites, si minimes soient-elles. Pourtant, ces réussites constituent leur manière de se faire confiance de l'intérieur, au lieu d'attendre un salut qui semble toujours venir de l'extérieur ou de se voir conforter dans leur inertie, leur léthargie par le résultat d'études qui confirment leur désarroi ou leur défaitisme. En ce sens, nous avons peut-être davantage besoin de faiseurs de miracles capables de transplanter des espoirs et de faire pousser des rêves ; le cynisme et le défaitisme ne peuvent plus constituer des solutions acceptables. Le temps est peut-être aux énergies intermédiaires et renouvelables qui, tout en provenant de la misère, peuvent s'inscrire dans le discours de ceux qui gouvernent et qui se butent toujours aux mêmes obstacles.

H AS IN HISTORY

History and Heritage are two notions that seem to be linked as they both belong to the past and contribute to the notion that the past is the confirmation of the future: "As it is, has been and shall always be." But beyond that affiliation with the gospel's statement of eternity, we are all mere passengers on this planet, and our destiny is much more insecure than that somehow encompassing notion of permanence.

In this region of the world, we have a comparatively long history as Europeans, we have seen many firsts and premieres, but we have somehow moved away from edge, from a sense of ongoing insecurity on which many have capitalized. Our notion of history, and the same could be said of culture, is one of tourism. Governments invest in celebrations as long as they promise an influx of outside dollars into the economy. Tourism-based economies, such as Spain's and the West Indies' (the Caribbean), are usually fragile – dependent on the weather, the price of gas and the fluctuation of currencies.

Many of our historic sites have disappeared and have had to be reconstructed, like Louisburg or l'Habitation; others are fictitious creations, almost like a movie set, Le Pays de la Sagouine or Anne of Green Gables; many are figments of the imagination, rooted in authenticity, Le village historique acadien or King's Landing; and many are just places or ruins where history took place, The Citadel in Halifax or the Monument Lefebvre in Memramcook. As for our heritage, we all know that it is a sad reminder of our responsibility to previous generations when we see bulldozers ploughing through the remains of buildings that once stood as our link to the past and our faith in the future.

"If you don't know where you come from, you will never know where you are going," a Montreal cab driver once told me, as I was trying to explain to him that I was sick of all the folkloric concepts of Acadie.

All these venues and many more that I forget or ignore have a tourism agenda. In fact, I can remember very few places where we can go to put history in context. In fact, the best places for such activity seem to be ruins, which are more authentic and where the landscape speaks for itself, like Fort Beauséjour or Fort Anne. We need such places to recreate our past in our imagination, in order to project our future, to give sense to our continuity – a future in which we can re-evaluate our contribution to the chronicle of this land, and in relation to the aboriginal heritage that we tend to ignore, because of their anger and our resulting guilt.

One thing is sure: we need to record this history, to write it down. And we need to learn it on a more sound and lucid basis than we have thus far. This is an obligation for the Acadians, for whom the Great Expulsion of 1755 is still the single central event, which overshadows all other accomplishments. But what is true of the Acadian experience is also true in an Atlantic perspective, a region which would benefit from a saga that would provide an authentic overview of our presence in its story, a history of our ideas, our art, our daily concerns and, yes, our events, but mainly a chronicle of our soul instead of a fact-filled book. We need to develop a vision of ourselves as part of this country, yet with the longest European experience in America, seen from a continental view. This book does not yet exist, but it would be a unique and innovative enterprise. Will we ever have the courage and the drive and the urge to write it?

I comme Image

J'ai souvent pensé que, en tant qu'Acadiens, nous étions un peu comme des figurants dans un film muet, en ce sens que notre image a souvent été une fabrication que nous avons entretenue afin de présenter une identité qui serait la nôtre et qui est évidemment un instrument de marketing assez efficace. Pour plusieurs, l'Acadie c'est l'accent, le paysage, le violon, la cuisine et une parlure qui n'est guère utilisée mais sur laquelle on s'est longuement attardé comme faisant partie d'un présent miraculeusement tiré du passé et garant d'un avenir dont les jeunes se sentent aussi éloignés que de la prochaine étoile. Je dis l'Acadie, mais je crois que les Maritimes s'inscrivent aussi dans cette perspective. Et même si je me dis que chacun a droit à sa dose d'exotisme, cet exotisme a surtout stigmatisé les régions francophones du pays qui, abandonnées à elles-mêmes, n'ont pas eu le bénéfice de poursuivre leur aventure coloniale dans une sorte de sécurité, comme l'ont fait les Irlandais ou les Écossais qui maintiennent des liens très serrés avec le continent.

En ce qui nous concerne, que nous soyons Québécois ou Acadiens, nous avons connu une rupture historique qui nous a séparés de la mère patrie. Rupture au cours de laquelle nous avons frayé avec l'occupant au point d'adopter plusieurs de ses us et coutumes, institutions et formes d'expression artistique. C'est ainsi que les Acadiens défendent la poutine râpée et les gigues comme faisant partie de leur culture, alors que la première provient des soldats allemands du duc de Braunschweig et que la musique celtique nous a donné la plupart de nos airs de violon. Lorsque nous arrivons en France ou même au Québec, notre accent nous rend immédiatement repérables, un accent dont on nous propose souvent en retour une mauvaise imitation, espérant que nous rirons de bon cœur de nos travers. Viendra ensuite une attitude plutôt paternaliste, une prétendue supériorité de langage devant signifier une supériorité tout court, ce qui est assez tragique dans un jeu souvent cruel où l'on espère ainsi marquer des points, où la domination de l'autre se fait par une sorte de consensus bourreau-victime.

Cette image que nous projetons, qu'on identifie comme l'affirmation d'une culture et qui se maintient en surface pour éviter d'en constater le peu de profondeur, nous a servi dans un premier temps. Mais elle ne fait pas le poids devant ce qui a tendance à être vu par les jeunes comme un artifice. Leur fort penchant pour une américanité qui risque de tout balayer, ou du moins de tout uniformiser, me semble en voie de produire une schizophrénie qui fera de nous des Acadiens dont le seul devoir sera de s'identifier à des symboles qui agiront comme marqueurs suffisant à fonder une appartenance et une contribution. Il n'en faudra pas plus pour enclencher cette fierté à tout crin qui semble une composante *sine qua non* de notre identité. Ce qu'on oublie souvent, c'est qu'il faut être fier de quelque chose, que la fierté, en soi, ne peut agir sans qu'on ait à y penser, à y contribuer ou à la vivre. James Baldwin était d'avis que « black is not enough », et je pense souvent à lui quand on me parle d'une Acadie qui serait suffisante par le simple fait d'adhérer à des symboles plus ou moins convaincants.

Une Acadie du drapeau, de la fête nationale, de l'Ave Maris Stella, qui ne sait plus où ranger son identité et surtout qui se demande comment redéfinir son image pour l'avenir. Une image qui serait en fait le bleu d'un projet, qui deviendrait un chantier collectif sur lequel nous pourrions édifier quelque chose dont nous serions fiers à juste titre. Autrement, cela demeurera encore pendant longtemps un hologramme, un voyage dans le temps ou la conscience virtuelle d'une reconstitution dans laquelle nous allons figurer comme dans un film muet sous-titré dans une langue étrangère.

J AS IN JOBS

Jobs, jobs, jobs, and money sure talk. We have been known to export our natural resources and import the finished product. We send fish in frozen blocks to, let's say, the USA, and buy it back in fish sticks or TV dinners. As for us, we have decided to fry almost everything that comes from the sea. In terms of culture, we send away our artists and buy their books and music as imported goods. If we look at David McIvor or Alistair MacLeod or Antonine Maillet and Jacques Savoie, we find similarities in the way we have treated our literature, which follows the same tendency as all the other domains. I know people – some of whom are my close friends –, and we have had heated, intense discussions on the subject, which usually end in a draw. For my part, I recognize that everyone is free and has but one life. And they now agree that it is much appreciated if they do not pronounce themselves on matters that we live every day in Acadia and that they only experience from a distance.

It is very important for a community to have artists who share and articulate their way of life. I have always been aware of the fact that the Canadian International Development Agency has a policy of bringing back its workers after five years abroad, living in one place, for fear that they will become part of the social fabric of the community where they work. In other words, after five years of living there, you become a Quebecker or an Ontarian, and a tourist when you return to the Atlantic.

As I once heard from a famous rock star, "I hope my memory doesn't fail me" when I talk of the milieu to which I used to belong. I have never been a great advocate of local literature, such as when our books at Indigo and Chapters are labeled "local interest." I believe you can live in Grand-Barachois and still have access to Proust, Joyce, Musil or Kafka.

The reason most often used to justify living in exile is the availability of jobs. We cannot support most, and surely not all, of our artists and it is much more glamorous to starve in Toronto or Montreal than to work in the same profession in the Atlantic Provinces. Sometimes, I totally understand that attitude and sometimes I can't stand it. There doesn't seem to be an equilibrium, a middle ground. I usually see this artistic job orientation as a metaphor and to some extent a justification of what has been played out on a much broader scale, that somehow we inhabit an *unlivable* land, and as a sub-statement – as someone once said to me, point blank, quoting a line at the end of the Billy Joel song, *Pianoman*, "Man, what are you doing here?" I believe it is not the role of the arts to give directions, but their importance lies in the formulation of questions that communities need to hear and answer in order to regroup and advance; this is crucial. If we are to maintain ourselves as a society, we need to support or at least show some interest in or concern for art being produced here. Otherwise, we will all become consumers of an imported reality that we will eventually see as our own – a very schizophrenic experience and perspective.

K comme Kultur

Je l'ai épelée à la russe car il me semble qu'elle a toujours formé une sorte de rempart pour garder intacte une identité qui, autrement, risquerait de s'effriter. Bien sûr, nous savons tous que la belle époque de l'Union soviétique est révolue et que le peuple russe fait maintenant les frais d'une vaste entreprise de transition vers une culture plus populaire et beaucoup moins étatique. Cette situation pourrait nous ressembler dans ce mouvement qui nous fait dévier d'une culture agraire et maritime où ont été forgés une certaine conception, une certaine image, un certain mode de vie, à la situation actuelle, l'ouverture de ce monde autrefois fermé, désormais envahi par les médias de masse qui en ont modifié radicalement les modes d'expression et de conception.

Présentement, nous nous trouvons à la croisée des chemins où, pour reprendre la boutade de Jacques Attali, nous devrons « choisir entre une carte d'identité et une carte de crédit ». D'ailleurs, j'entrevois le jour où les deux vont fusionner, ce qui simplifiera bien des choses. Revenons sur nos terres pour reprendre la notion de culture, qui déborde largement des arts pour agglomérer tous les aspects de l'identité. À ce niveau, la culture opère à une large échelle et elle nous permet de nous retrouver dans des gestes et des choses simples qui enclenchent une reconnaissance et une émotion propres, essentielles à tous les groupes.

Dans le récit qui nous fonde comme entité et comme réalité historique, nous sommes des Européens venus il y a quatre cents ans, ce qui, en termes américains, constitue une longue présence, même si dans notre provincialisme, nous avons toujours entretenu certains complexes vis-à-vis de nos mères patries pour ce que nous voyons comme un manque de vernis culturel, ou vis-à-vis des États-Unis pour ce qui est de la souveraineté financière et d'une assurance culturelle plutôt récente que nous aurions intérêt à observer. À l'intérieur de notre pays, nous avons aussi un complexe d'infériorité en ce qui a trait aux moyens et au marché que constituent les grandes villes, et la chaîne se poursuit ainsi dans une myriade d'obstacles et d'excuses qui, à la longue, peuvent faire de nous des consommateurs et non des producteurs.

Il y a là une métaphore qui peut s'appliquer aux domaines politiques ou économiques qui, dans mon esprit, constituent, avec la culture, les trois pôles majeurs de l'activité humaine, tenant compte de l'être, du faire et de l'avoir. Sans doute que je prêche pour ma paroisse, mais il me semble que toutes les révolutions – entendues ici au sens de changement – sont d'abord culturelles avant de se transformer en programme politique ou en entreprise économique. C'est à ce premier niveau que nous devons d'abord agir si nous voulons produire des changements importants, durables et en profondeur.

Comment? Car c'est toujours là la question. La culture me semble à la fois un dynamisme et une résultante. Une école et une banque. Elle s'intéresse aux événements et cherche à leur trouver un sens, et elle les garde en mémoire sous forme de patrimoine. Nous pouvons intervenir pour changer son orientation au moyen d'images, de mots, de vibrations qui s'adressent à l'âme, aux émotions beaucoup plus qu'à l'esprit, qui lui se chargera de faire le tri des diverses propositions, d'en évaluer la teneur et la valeur avant de décider de leur utilité ou de leur orientation future. La raison pour laquelle nous nous souvenons de Van Gogh ou de Bach vient du fait que leurs œuvres parlent à l'âme. Au moment où notre esprit se met à nous dire que le jaune et l'orange sont des couleurs qui, par la longueur de leurs ondes, stimulent le cerveau et que c'est ce qui explique l'attrait des tournesols de Van Gogh, ou que la mathématique utilisée par Bach fonctionne un peu à la manière d'un mantra sonore, nous sommes déjà dans un rapport qui nous fait dévier de l'intense sensation de vie que nous confère l'émotion générée par ces œuvres.

Il est important pour nous, en ce moment précis, de faire confiance à notre vision, de nous fier à notre émotion et de générer une volonté de vivre intensément cette importante dimension de notre présence, celle qui consiste à habiter pleinement un lieu. Ainsi, quand on me demande ce qu'est un Acadien, je dis toujours qu'il s'agit de quelqu'un qui habite l'Acadie mais qui est aussi habité par elle. Cette définition pourrait également s'appliquer à tous les habitants des provinces de l'Atlantique, qu'ils soient de Terre-Neuve ou de l'île du Cap-Breton.

L as in Landscape

Canada is divided into five large landscapes, of which the Atlantic is the smallest, a reality that also extends to the population of its four provinces, ranging from one hundred and forty thousand in Prince Edward Island to nine hundred and fifty thousand in Nova Scotia. Canada itself, with close to a billion square kilometres, has a smaller population than the city of Tokyo, the largest megalopolis, where more than thirty-four million people share some two thousand square kilometres. These figures have always amazed me because they put in perspective the demagogy that numbers inflict upon us.

I used to think that being Acadian was a unique experience until I realized that such a statement needed a few footnotes to be truly understandable. It is true that as a historical entity, we need to be aware of certain specific considerations, but in economic terms, we are very much like others with whom we share the Atlantic region. Landscape is a more definite dimension than any other: we are the product of an environment and our identity is probably more geographical than cultural. Even if our language creates links that are effective in terms of immediate communication, our way of living is much more influenced by what we eat, by the weather, by our commonly shared knowledge and by how we use the land. All of these aspects have contributed to a culture closely related to a unique position on this land and on the planet.

Our region gets its name from an ocean. That in itself is an important part of our persona in terms of livelihood, and we share with people of the coastline all over the world an identity that we have not really explored. The fact that our islands relate to the mainland in a somehow unique and problematic way is also an important part of our persona, creating a culture that isolation has made unique. The ocean that connects us is also a major source of inspiration, of imagination, and this is expressed in the arts. For all its beauty and quietness, the ocean is also a synonym of anxiety and frustration. It seems there were never enough fish in the sea and that the prices are always going down. This is particularly true since the decline of cod stocks and the fact that we are experiencing a major displacement of population as a result of that misery, to which there seems to be no end. This has resulted in a tension built on the clustering of certain realities mixed with certain prejudices, which has led to the Atlantic region being identified with a culture of defeat; we are seen as the poor relatives of one of the richest countries in the world. But, as author Beth Powning once stated, one day, oil will run out and we will all be stuck with just our imagination.

Depending on the needs of humanity, one region has dominated or been more affluent than the other, and this is also true of the Atlantic. In the eighteenth century, when transportation relied on waterways, we were part of that affluence; that is, until the advent of the railroad and the shift by Maritime Seaway of most port activity to the centre and, now, to the west of the country in an east-west motion of financial activity. If the trend continues, the next affluent region will be the Pacific and then maybe it will return to this side of the world.

Landscape, seen from a cultural perspective, is an essential component of the recognition that accompanies works of art. From its mere representation in a visual arts point of view to its abstract evocation in music, landscape creates a space where we can convene and experience a culture. I believe that it is important for us at this time to create works that are linked to our space, connecting us to similar spaces in the world, in order to share our common experience of that phenomenon.

In 1995, as curator for the very first Marion McCain Atlantic Exhibition of Contemporary Atlantic Art, I was impressed by the close relationship that artists from Newfoundland had with their landscape, but also with events such as the cod moratorium, which they articulated in works that, while being contemporary in form, were also quite political in their concern, a merging of tradition and modernity.

M comme Mythologie

Je suis arrivé à la conclusion que la force de la mythologie réside dans son sens de la réduction. C'est évidemment la propension du récit fondateur – et ce qui en fait une référence susceptible de prendre plusieurs formes –, de subir plusieurs transformations et même de se déguiser sous des allures qui nous la dissimulent presque complètement, comme l'a si bien montré Roland Barthes dans l'étude magistrale qu'il lui a consacrée. La mythologie connaît en Acadie et dans les provinces de l'Atlantique une popularité qui en fait le contrepoids de l'histoire et des tentatives de remettre les faits sous un éclairage autre que celui, plus réconfortant et assurément moins compromettant, d'une version figée dans le temps et l'espace.

Si l'on prend l'histoire de l'Acadie, par exemple, on peut la résumer en quatre grands axes qui me semblent agir comme vecteurs de notre odyssée, autre emprunt mythologique dont on se sert de plus en plus pour décrire la trajectoire dépareillée d'un peuple voué à l'extinction et miraculeusement resurgi de ses cendres. Ces quatre vecteurs seraient donc que les Acadiens : – sont arrivés au début du dix-septième siècle et ont vécu dans un environnement paradisiaque où le mal n'existait pas (le mythe du jardin d'Éden) ; – ont été déportés sous Lawrence (a souffert sous Ponce Pilate, est mort et ressuscité...) ; – sont revenus reprendre leurs terres (l'Énéide, modèle de tous les *road movies* à commencer par Évangéline) ; – et ont ainsi triomphé de leurs malheurs et de leur sentiment d'infériorité (le mythe de l'*underdog*, du vilain petit canard, etc.). Je schématise mais le mythe, comme je le disais plus haut, fait cet effet-là.

Contrairement au mythe, le discours prend du temps, il s'élabore patiemment dans des études, des thèses, des commentaires interminables ; ce n'est pas pratique ni vendeur et ça complique tout et pour tout dire, ça emmerde. Le mythe établit une relation rapide, qui n'est pas sans rappeler les reportages de trente secondes où l'on schématise la gravité des combats au Liban ou les dernières avancées du réchauffement climatique. C'est le principe du matraquage et c'est aussi le côté démagogique qui fait du mythe, à l'ère moderne, la banalisation d'une réalité qui mériterait d'être beaucoup plus nuancée ; or nous vivons à une époque où la surcharge d'information nous renvoie à des notions de base qui sont peut-être plus aptes à maintenir notre intérêt, un terme en provenance du vocabulaire de l'économie.

Notre mythologie nous a servi de point de ralliement à une époque où nous n'avions peut-être pas d'autre choix que de faire les frais d'une information plus incomplète, mais il est important pour nous de faire le lien entre cette tradition et la modernité. Un peu comme en art où nous avons longtemps produit des animaux en plywood découpé, je crois qu'il est temps de se réclamer de cette tradition, si modeste soit-elle, pour lui insuffler un nouveau contenu, de nouvelles propositions. Ainsi, si plusieurs de nos légendes parlent de la présence du diable violoneux, il serait intéressant de les actualiser afin de leur donner un contexte, un décor, un propos et une présence plus contemporains. Évidemment, je ne parle ici que de deux médiums, mais ceci pourrait s'appliquer à une foule de disciplines ; or nous avons une notion importée de la culture et il est fort probable que nous oublierons cette mythologie et le discours qui aurait pu s'y greffer pour adopter des solutions plus séduisantes venues d'ailleurs.

Nous avons une culture, une tradition dont la modestie nous fait souvent honte et entre la poutine râpée et les sushis, le choix ne se fait pas longtemps attendre, au sens où nous mangeons la première dans l'intimité, presque dans le secret de notre foyer, tandis que les restaurants japonais sont appelés à se multiplier et à prospérer. Nous ne sommes pas les seuls. Essayez de trouver au Québec un restaurant où vous pourrez déguster du ragoût de pattes ou de la tourtière. Il semble que quelque chose est en train de se perdre entre la mythologie et le discours, quelque chose d'intemporel qui rassemble les données essentielles d'une collectivité, qui les adapte aux temps nouveaux pour les transmettre vivantes à ceux qui nous suivent.

La mythologie, la tradition ont quelque chose qui parle à notre âme et il devient impérieux de leur donner un éclairage plus vaste que celui de l'exotisme auquel on les apprête pour impressionner la visite. L'âme constitue pour les collectivités une constance qui leur permet de chanter à travers les siècles. La culture en conserve le registre, même si la séduction d'une culture unique et planétaire devient une tentation à laquelle il semble de plus en plus difficile de résister.

N AS IN NOTORIOUS

Living in the Atlantic region is like residing in Africa where, it is said, conscience was born. Some say that this could explain the violence of the white race against black people, since we would have been the last to be granted that privilege, as we were living farther north. Living on the coast, we are the first Europeans to have visited and settled this land. This, if I refer to my opening statement, might explain the brashness of the rest of the country in relation to our rather relaxed and somehow confident way of life. When I told one of my American friends that my family had been in America since the late sixteenth century, she was very impressed. This reminded her of people living in Boston, who were, in her mind, akin to some kind of aristocracy. After all, it was to Newfoundland that the Vikings came a thousand years ago and, in 1534, Jacques Cartier visited Miscou and the baie des Chaleurs. In 1604, we became the first white settlers and, during the beginning of the British regime, we established a series of institutions that still hold as the firsts of their kind in this country.

Our past has certainly been illustrious, but our doubtful nature is now forgetting these accomplishments. We seem rather to focus on disparities and on our much-heralded complex relation to the centre of the country instead of remembering the trails we blazed for so many years and centuries with Europe and the rest of the world. We forget that Halifax was once one of the cultural capitals of this country and that in the last century the wages in St. John, New Brunswick, were among the highest in North America.

So what happened? If we look to the past for reinforcement, we have much to be proud of. How did we inherit that built-in amnesia that has made us so melancholic? How did we lose our nostalgia for that time when the sea was our domain and the world, our field of operation? "Governing from the centre," as Dr. Donald Savoie explains in his controversial book, did not work in our favour, it seems. And the Atlantic region is now struggling hard to maintain its head above water, amid a series of hard blows as pulp and paper mills, mines and fish factories are closing down. We have to capitalize on our past successes, as a powerful memory of times-gone-by, but also of times that gave us a persona and a soul that still endure in our culture.

From the past, we draw the energy to shape our future. This is a common saying, yet, from our past, what could we draw upon to shape a future that seems to transform itself at such a rapid pace that we lose the idea that there ever was a present? In that hazy and foggy notion of continuity, it becomes most important to maintain a clear view of the road behind us. We are maritime people; we live on the east coast and act as a breakwater for the Atlantic Ocean. Our identity is one with the land and should remain as a constant. The fishing industry, for instance, should maintain itself the same way our art should be a place where we can identify with a collective questioning.

It is by being regional, grounded in region, that we become truly universal. This is a common truth, but we seem to forget it. Art as a chronicle of the soul is never as strong as when it becomes the language of a community. You connect immediately with an Alex Colville, and you probably forget that he spends an amazing amount of time on the mathematical configuration of his canvas or that he was one of the first groups of soldiers to witness the mass graves of the holocaust. These experiences also form part of his images, which reflect a constant presence of nature and of the sea, a rather regional-ordered outlook, the representation of a very modern and surrealistic moment frozen in time, an image that looks more like a movie still than a work created through a very old medium – probably the oldest universal language, if we refer to the cave paintings – still in operation.

O comme Océan

« C'est pas du sang que j'ai dans les veines, c'est de l'eau salée. » Ce dicton, on l'entend souvent de ceux qui sont partis au loin et qui reviennent chaque été, transportant avec eux toute la nostalgie qu'une telle opération entraîne. L'été, alors que tout est beau. Il fait chaud, la plage est belle, la mer est apaisante et le homard est au rendez-vous. Non, vraiment, nous vivons sur les arpents du bon Dieu, ceux qu'il garde pour lui et sur lesquels il a l'intention d'aménager son paradis. Puis arrive la fraîcheur de l'automne et le paradis devient de moins en moins plaisant. Lorsque l'hiver s'installe, on se retrouve entre nous, autour du poêle, en train de se raconter les mêmes histoires. Cette scène m'a toujours fait penser à une pièce de Tchekhov, qui pourrait fort bien être un auteur acadien par sa propension à faire palabrer ses personnages sans enclencher de véritable action. Une situation peut-être mieux décrite dans le 290ᵉ court poème de mon livre *Répertoire*.

> de l'écorce de bouleau dans un poêle à bois
> au loin le spectre d'une ville au-dessus de l'ennui
> c'est moscou c'est montréal c'est moncton
> et le monde se répète et le monde nous ressemble
> monologue interminable de monotonie

Cela pourrait tout aussi bien être une situation courante un peu partout dans les provinces de l'Atlantique, dans le rapport qu'on y entretient avec d'autres endroits au pays, Toronto par exemple, où l'on raconte qu'il y aurait plus de Terre-Neuviens qu'à St. John's. L'océan qui nous rassemble m'a souvent fait penser au Gange, ce fleuve mystique où l'on reconnecte avec la divinité des origines. Nous voyons cet océan, paysage essentiel à notre devenir, sous toutes ses phases. En été, bien sûr, mais aussi en hiver quand il prend une autre couleur et surtout une autre température.

J'ai autrefois tenu un journal que je trouve maintenant pénible à lire, à propos de ceux qui nous regardent avec une certaine condescendance parce que nous avons choisi de vivre ici, ceux dont le seul titre de gloire, souvent, est de ne pas vivre ici, de vivre dans la grande ville et d'y mener une existence souvent plus misérable et parfois beaucoup plus anonyme que la nôtre. Ce journal, que je comptais publier sous le titre

Les chroniques de la terre brûlée, parle d'une sorte de contrat tacite qui permet à des gens qui ne vivent plus ici de se prononcer en toute connaissance de cause sur notre réalité, alors qu'ils en sont devenus des touristes, qu'ils ne la partagent plus depuis longtemps.

Le cinéaste Raoul Ruiz a établi une classification des divers récits, qu'il divise en quatre catégories et qui me semble assez pertinente à cette situation. La première catégorie s'applique aux récits que seul le conteur connaît, la deuxième à ceux connus de tous, la troisième à ceux inconnus des auditeurs et du conteur. Mais c'est surtout la quatrième catégorie qui nous intéresse ici, celle où le conteur ne connaît pas l'histoire, mais il la raconte à des gens qui la connaissent. Ce pourrait être le sujet de ce livre qui ne verra probablement jamais le jour.

Je crois – en fonction du propos qui nous concerne ici et qui porte sur une perspective d'avenir – qu'il serait important de rapatrier notre discours, de faire en sorte que nous soyons les porte-paroles de notre réalité au lieu de croire aux propos de ceux pour qui le succès, grâce à la complicité d'une vision conçue et contrôlée de l'extérieur, est devenu garant de leur expertise. On oublie souvent qu'au-dessus du succès il y a la conscience et que cette conscience est beaucoup plus essentielle que les cotes d'écoute de *Star Académie* ou de *Canadian Idol*.

P as in Party

I was visiting Waltham, Massachusetts, to do research for a film project on "Acadianité." I was working, along with other filmmakers, on a series about what makes us Acadians. One of the metaphors that I had come up with was our difficulty in establishing strong connections with the land, with our roots... Someone had even suggested that we had floating roots and that this is what had given rise to our identity. I had met this woman who had eleven children, half of whom lived in the United States, the other half in New Brunswick, and she was constantly torn between Waltham and Memramcook. I interviewed the parish priest of Waltham, and he told me that the city had known mayors of many different origins – Greeks, Italians, Spaniards – but no Acadians, even though they formed a large segment of the population. He told me that although they didn't seem interested in holding public office, they were very active in organizing parties, which to him seemed an enigma.

I remember being in Edmonton for a presentation of my film on Louis J. Robichaud and talking with my host, who told me that the Acadians throw the best parties: once a year, they order a huge amount of lobster, have it flown in on the same day and eaten at its freshest! I hear the same thing in Winnipeg, in Ottawa, in Montreal... It seems that wherever we go, our reputation of being party animals follows, and it seems to extend to the notion of humanity, of getting close and of having a good time. "Laissez les bons temps rouler" (Let the good times roll), as the Cajuns say.

The same is true for distinguished visitors who come in contact with us. Our warmth and our conscious ignorance of protocol seem to leave traces that people remember as an exceptional experience. I am sure that Queen Elizabeth must still remember the bear hug that Claudette Bradshaw gave her when she came to Moncton. In French, we use two words when addressing a person , "vous" when showing respect and "tu" for familiarity. Acadians, and particularly those in the Moncton area, say "tu" to almost everyone. For them, you are simply another human being, whether you happen to be Boutros Boutros-Ghali, François Mitterrand or Frank LeBlanc.

I would argue that this familiarity and high level of humanity is one of our main assets. It reflects a confidence placed in individuals rather than in institutions. For a long time, Acadians had no institutions. Everything we did, every idea we had, every person whom we dealt with had to be considered on a unique basis, on a one-of-a-kind moment or success – the future always being insecure. I suppose that there were many occasions for celebration, as something won after hardship, something, as historian Léon Thériault once said, that for others was an acquired freedom or privilege but that, for Acadians, would represent a resounding victory.

This might be why the notion of rebirth – renouveau – is so central to Acadian history. Nowadays, it seems difficult to break away from weariness and paranoia and to live a life where our culture can merge completely with the other cultures of the Atlantic region. This might explain why the partying is still going strong. There might be some form of resilience attached to partying, and, although I know its Acadian manifestation more than any other, I have come to the conclusion that partying is also going strong in other areas of the Atlantic.

The first French settlers who came to this land had the foresight to plant vines for grapes to make wine. They were cruelly deceived by the weather, which explains why Nicolas Denys – God bless his soul – became the first brewer in North America. It happened right here. Imagine that! Since then, the Maritimes, along with Quebec, have become brewers of their own magical party ingredients.

I have been a strong believer that the notion of "fête," of celebration, is an important one for any community, for we learn to know one another in a more relaxed way. So far, everybody parties in their own backyard (or kitchen), but maybe it is time to hold a huge party where the single agenda item would be to establish a trust fund in each other's capacity to reinvent the future, reinvent the world and, most importantly, reinvent ourselves.

Q COMME QUÉBEC

Sous la rubrique qu'il est désormais convenu d'appeler les relations Acadie-Québec, il y aurait beaucoup à dire mais je limiterai mon champ d'intervention aux relations culturelles qu'entretiennent les deux sociétés. Relations qui ont toujours fait l'objet de récriminations dans une ambiguïté qui n'est pas non plus de tout repos, puisque le Québec constitue la culture francophone de référence en territoire nord-américain. Selon l'approche derridienne, on pourrait situer les nombreuses tensions qu'une telle situation engendre dans le registre de la périphérie vis-à-vis du centre et de l'attraction centripète engendrée par celui-ci. La solution serait la destruction du centre, mais le pouvoir n'a jamais été trop accommodant d'une solution autre que celle du cercle, de la force d'attraction qu'exerce le centre sur des corps célestes maintenus dans leur orbite et du rayonnement qui l'apparente au soleil.

Il n'est pas exagéré de dire que le Québec, en raison de la majorité qu'il commande, gère la francophonie canadienne, et qu'il la gère en fonction de ses priorités et de la relation ambiguë qu'il entretient avec le Canada dont il fait toujours partie. Ceci nous place un peu entre deux chaises, car si notre engagement vis-à-vis du Canada ne fait aucun doute politiquement parlant, il reste que nos liens culturels avec le Québec sont tout aussi évidents. Il se crée donc un tiraillement qui a donné lieu à plusieurs épisodes, allant d'un rapport de dépendance à celui d'une autonomie et d'un discours qui sont souvent mal venus et qui nous désavantagent puisque la plupart des organismes culturels canadiens – que ce soit le Conseil des arts, Téléfilm Canada, Radio-Canada ou l'Office national du Film –, sont gérés à partir de Montréal et n'ont, la plupart du temps, aucun représentant acadien à leur conseil d'administration.

À une époque où l'image a pris le pas sur le discours, il faut dire que les Acadiens sont fort mal équipés quand il s'agit de mettre de l'avant leurs priorités, surtout qu'en raison de la sacrosainte loi du nombre, nous n'avons pas la démographie nécessaire pour générer un intérêt suffisant envers notre réalité. En ce qui concerne Radio-Canada par exemple, le réseau demeure fondamentalement québécois et il relègue aux régions le soin de présenter ce qui les concerne dans une programmation régionale dont le réseau s'est désintéressé. Il reste que le réseau porte toujours le nom de Radio-Canada. Je connais bien la situation, à Radio-Canada comme ailleurs, pour l'avoir vécue de l'intérieur, ayant travaillé plusieurs années à titre de réalisateur radio et télévision, à titre de réalisateur de films et à titre de membre de l'exécutif du Conseil des arts du Canada, mais également de l'extérieur, à titre d'auditeur et de spectateur : nous ressentons tous les jours une sorte d'exclusion ordinaire d'un service qui devrait tenir compte de notre réalité et de notre identité.

Ce constat nous ramène à une question de discours : il est très rare que l'on fasse appel à un Acadien ou à un francophone de l'extérieur du Québec pour se prononcer sur les enjeux du pays. Nous pouvons parler de ce qui nous inquiète, du fait que la francophonie canadienne à l'extérieur du Québec est en train d'être assimilée, de questions régionales qui touchent à la pêche ou de notions plutôt rigolotes et pittoresques, mais nous devons nous abstenir d'un discours plus global et conséquent.

Évidemment, comme je le disais plus haut, je connais bien la situation au sein des organismes de nature culturelle ; pourtant, par les échos que j'en ai, il semble que ce ne soit guère mieux ailleurs. Le simple fait d'aborder cette question soulève immédiatement la notion de Québec-bashing, dont le contraire n'existe pas : il n'y a pas d'Acadie-bashing, pour la simple raison que nous n'avons pas les moyens de répondre même si nous payons autant que tous les Canadiens pour, en fin de compte, ne pas avoir accès à la gouvernance de ces organismes. Mais avec le temps s'installe la sagesse qui compense la colère et je me dis qu'un jour viendra, peut-être, mais sait-on jamais, après tout... « Quand on est né pour un petit pain faut pas penser faire des sandwichs pour tout le monde », comme avait dit un humoriste... québécois. Le Québec devrait pourtant savoir mieux, puisqu'il vit à l'endroit de la France une situation analogue à la nôtre par rapport à lui.

Je ne suis pas assez familier des enjeux propres aux anglophones pour dire si la situation acadienne s'apparente à celle que vivent l'ensemble des habitants de l'Atlantique. Du reste, je connais plusieurs Acadiens qui écoutent la CBC en se disant qu'elles se sentent ainsi beaucoup plus partie prenante du Canada que lorsqu'elles écoutent Radio-Canada, qui les confirme dans leur exclusion. Est-ce que la Atlantic Region éprouve vis-à-vis de Toronto une situation comparable à la nôtre vis-à-vis de Montréal ?

Il est évident que, si nous voulons nous affirmer en tant que culture, nous devons avoir un certain contrôle sur ces organismes qui semblent opérer, non pas dans le but de favoriser une vision nationale mais plutôt un contrôle central. Il serait important de fédérer les budgets de ces organismes afin de donner à chaque région sa part ou du moins son mot à dire dans la répartition du financement. À ce titre seulement aurons-nous une identité qui tiendra compte de nos priorités et surtout de nos particularités.

R AS IN RESISTANT

I often think of those of us who have chosen to live here as being part of some kind of resistance movement. In the cultural field, in my home province of New Brunswick, I have noticed that Acadian artists have a tendency to stay because, I suppose, they quickly become alienated from their culture when they live outside of its milieu, especially in Quebec where Acadians are seen as a marginal group, even though our identity and destiny goes back as far as theirs. On a more general level, according to a survey done by the Université de Moncton, the graduates from that institution tend to remain in the area much more than any other group from the Atlantic region.

On the Anglophone side, I have noticed many artists leaving and being replaced by artists from outside. This situation is particularly obvious in the academic and institutional fields. Some of these artists have adopted the land where they have settled, raised their family and established themselves within the community. Their contributions have been major in shaping the art world; however, for many of them, their involvement remains superficial, they live in a self-imposed ghetto, tending to their careers and waiting for a return ticket to paradise. For them, the Atlantic region is the pits, as I so often heard, and their longing is endless for the day when finally they will be repatriated.

People of the resistance, on the contrary, whether born here or having adopted this land, are respectful of the milieu in which they operate, display a reciprocity of behaviour that can be seen in the way they team up to promote and develop themselves as artists or as entrepreneurs within the institutions they manage. They are careful to draw on the successes and history of the people and of the milieu instead of importing solutions that have worked elsewhere and that may not be suited to this context.

These people are aware of the attraction that other places exert on them, yet they are conscious that when you weigh the pros and cons, the eternal dilemma between staying or leaving, they choose the environment, the landscape and the people with which they want to be involved.

Members of my immediate family – that is my two brothers – have remained here on this land, as have all our forebears since 1685. It may be genetic or it may be a kind of family project to be a "resistant."

My mother always said that if you wanted to go anywhere in life, you needed to be your own boss. My brothers have become managers, one of a farm factory and the other of a fish factory – the land and the sea. Maybe this notion could be applied to a societal project in the decision to be entrepreneurs and to exert leadership. Of course, we can't all be leaders or managers, but we need to become more autonomous, to extend our autonomy, to be conscious and responsible for our destiny and our eventual contribution.

Resistance also has its drawbacks: after a while, you could become oblivious to any outside influence, to the point where you could build the walls of your own prison. I don't believe, however, that we need to worry about that, at least not right away, but we need to be wary. And, as Michel Bastarache, a New Brunswicker and now justice of the Supreme Court of Canada, once told me, "We need to think of ourselves as owners, instead of renters." This could be an Acadian and maybe not so much an Atlantic problem, but I am convinced that it is a situation of dependence that could easily be stretched to the region as a whole.

S COMME STATISTIQUES

Il y a dans les chiffres une démagogie latente qui nous impressionne depuis la tendre enfance. C'est d'ailleurs peut-être pour cette raison que nous apprenons à compter bien avant que d'apprendre à lire, et ce n'est pas pour rien, il me semble, que le mot chiffre, dans la langue sexuée qu'est le français, est assimilée à l'élément masculin alors que le mot lettre est féminin. Il faut voir que la lecture se prête à toutes les nuances possibles tandis que les chiffres sont radicaux et précis dans leur jugement, un peu comme dans les sports où le score détermine la victoire, où le chronomètre est intraitable et où l'endurance et la rapidité se comptabilisent.

Les chiffres, surtout ceux de Statistique Canada, transportent avec eux des constats inquiétants : ils décrètent, comme un verdict, une série de considérations qui, la plupart du temps, sont de l'ordre de la déception. On y apprend les mouvements de population, des données d'ordres économique, linguistique ou culturel qui, si l'on s'y arrête, sont rarement susceptibles de stimuler notre enthousiasme. En Acadie, la publication de ces données est suivie de près par toute une population, des consultants aux médias, car elles mesurent l'indice d'assimilation, une opération qui, jusqu'à récemment, faisait office de chronique d'une mort annoncée. Je dis bien récemment car il semble, au Nouveau-Brunswick du moins, que la situation se soit stabilisée.

Dans cette province, cette stabilité repose sur l'engagement du gouvernement à mettre en place des structures favorisant le maintien de la francophonie. Il n'est pas dit que ce sera toujours le cas, advenant par exemple la fusion des provinces maritimes, projet qui revient souvent et qui risque de se matérialiser à l'occasion d'une éventuelle indépendance du Québec. Pour l'Acadie, une telle fusion entraînerait une situation de fragilisation, par rapport à celle dont elle essaie de tirer avantage présentement. Si, au Nouveau-Brunswick, nous constituons le tiers de la population, nous représenterions alors un pourcentage bien inférieur dans une agglomération plus grande et plus dense. Dans une perspective d'avenir comme celle qui nous occupe aujourd'hui, la statistique joue toujours un rôle prospectif ; il est difficile de faire dévier la trajectoire autrement qu'avec l'appui concerté de toute la population, lucide, consciente et prête à s'engager, à prendre les mesures qui s'imposent pour parer à certains mouvements démographiques de plus en plus difficiles à freiner. C'est le cas, par exemple, de la Péninsule acadienne, où la conscience identitaire est sans doute la plus affirmée et dont la population se déplace en masse vers Moncton pour s'instruire, pour travailler ou pour magasiner. Ceci entraînera sûrement, des deux côtés, un changement de mentalité qu'il sera intéressant de surveiller au cours des années qui viennent.

Peut-on faire mentir les chiffres, les études et les sondages de toutes sortes qui envahissent notre champ de vision et nous laissent démunis devant l'ampleur de la tâche à entreprendre ? Sans doute, mais il faudra alors investir massivement dans un changement de mentalité qui ne peut se faire que dans l'espace virtuel que permet la culture qui, elle, doit se responsabiliser vis-à-vis du milieu en raffermissant les liens émotifs qui nous rassemblent et qui vont devenir primordiaux.

T AS IN TIM HORTONS – A DIVERTIMENTO

Tim Hortons is a typically Canadian experience, with strong Maritime overtones. As you know, the man who built the restaurant chain to its current level, Ron Joyce, is from Nova Scotia where he still resides, at least part of the year. I have strong creative ties with Tim Hortons, as it has now replaced Canadian Tire as a reference in my plays, the latest of which is *La grande séance*, which includes a lively debate over a ten thousand dollar sponsorship in exchange for the company's logo on every float in a parade being organized to celebrate Acadia's four-hundredth anniversary. The play presents a general survey of Acadian history, and famous characters such as De Monts, Champlain, Winslow or Louis J. Robichaud are played by ordinary people who do not always understand the scope of their impersonation.

Tim Hortons has replaced the general store of yesteryear, providing a space for people to enjoy coffee and talk about the weather, politics, the high cost of gasoline, or others issues of the day. I don't believe, or at least I haven't yet overheard any, that there are conversations with metaphysical or cultural overtones, and maybe that makes it the ideal place for a new play where these issues could be brought forward. After all, the historian Jules Michelet was convinced that the French Revolution started in the then newly created network of Parisian coffee houses, such as the Café Procope where Voltaire used to hold court. He was convinced that coffee, that new drink imported from the colonies, being a form of stimulation for the mind, was responsible for the animated discussions during which the fate of the country was decided. Coffee is not indigenous to our country and I am a strong believer that one nation's drug creates devastating results when adopted by another. Look at the effect of our liquor on First Nations people and the effect of their drugs, such as tobacco – to name only the legal one – on our society. Coffee might prove to be our downfall as a civilization; if so, the poor countries that we imported it from at such a low price, for so many years, might finally be avenged. Who knows? It has been around for such a long time, the same as tea that comes from India and which triggered the American Revolution, the Boston Tea Party being the incident that sparked the whole process.

There was a time when I used to conduct all my business at Tim's, the one at the corner of St. George and Mountain Rd, two of Moncton's three main arteries. It was easy to find, cheap and quick, the latter applying to both the service and the meeting, since no one could stand being in that environment for very long to discuss the fine print of a contract or be too specific about projects of any kind. Whenever I'm on the road (which is often), I drift towards the drive-by window for a tea, because they add the milk. I hate when you get a tea bag floating in a Styrofoam cup with no spoon to squeeze it and nowhere to dispose of it. And then the milk, in the little plastic containers that spill all over if you're not super careful. No, Tim's is the best and besides, they favour cardboard containers that will dissolve, at least partly, in Mother Nature's womb. That and a twelve grains bagel with butter on the side is a roadside experience that tastes of Canada. It all started here, and it still comes from here, and it all goes to prove that good deeds start in the imagination and transform themselves in financial, political and cultural successes.

I know that there are stories, many things that I do not know about Tim Hortons. But you don't get that far without taking a few shortcuts. I agree with the Nobel Prize writer Imre Kertész that nowadays everything has become a question of morale, of ethics, and people who are good at defining morale can bend the rules either way, which may account for the fact that people often end up playing out the part that they have criticized, denounced or claimed. As someone once said, "If you find some ethical problem about Häagen-Dazs, I don't want to hear about it." Not to divest myself of any humanitarian engagement, you also have to consider that we could spend all our lives justifying our choices and as the famous Quebec country and western singer Willie Lamothe once said, "I would rather die misunderstood than spend my whole life having to explain myself."

U comme Utopie

En 1977, la *Revue de l'Université de Moncton* publiait un numéro sur le thème de l'an 2000. Une équipe de sociologues avait distribué un questionnaire et publié les réponses, en tentant de les regrouper et d'en faire une analyse. Les auteurs de cette étude des plus originales concluaient par leur étonnement à l'idée « que les jeunes se font du bonheur *une image traditionnelle*, pouvant les relier à la culture acadienne, catholique et latine ». Ils poursuivaient en disant : « Ceci nous semble s'opposer à ce à quoi on aurait pu s'attendre compte tenu de la situation géographique en univers anglo-saxon et de la pénétration de la télévision. L'hypothèse que l'on pourrait alors formuler consistera à se demander s'il est légitime d'accorder autant d'importance aux moyens de communication modernes, comme cela se fait fréquemment, ou si, au contraire, les moyens de communication classiques (famille, Église, école, etc.) ne sont pas en définitive les plus influents, du moins en ce qui concerne cette société francophone. »

En Acadie, le passé que nous avons élu au rang de refuge se voit contrebalancé par un avenir qui donne lieu à toutes les utopies imaginables, allant de la science-fiction à la futurologie. Dans ces créations, passé et avenir semblent se répondre dans une fiction étonnante, car si le passé s'est réfugié dans le mythe, l'avenir a, quant à lui, trouvé son état de prédilection dans la délivrance, ce qui bouclerait un temps circulaire qui nous ramène au paradis d'avant la déportation. Quand on y ajoute le présent, il y a quelque chose de dantesque dans cet univers concentrique, allant de l'enfer que fut la déportation, au purgatoire d'un présent inquiet, au paradis d'un avenir où nous serions délivrés du temps pour enfin nous concentrer sur l'espace qui nous a toujours fait si cruellement défaut. L'Acadie en soi a quelque chose d'utopique, proche de la virtualité, puisqu'il s'agit d'une terre et d'une identité que les Acadiens portent en eux mais qu'ils arrivent difficilement à fonder, à vivre et à légitimer. Présentement, la phase de légitimation semble avoir trouvé un certain répit, et nous nous dirigeons vers une phase qui serait davantage de l'ordre de la maturité, c'est-à-dire d'une certaine sécurité assumée, caractérisée entre autres par une détente, un relâchement des tensions francophones-anglophones qui ont marqué les trente dernières années. Cette phase, que plusieurs ont qualifiée de triomphaliste, a vu une diminution considérable du mouvement associatif ordinairement lié à la revendication pour favoriser, à la grande déception des fervents du nationalisme pur et dur, une place plus conséquente au sein des institutions nationales et provinciales. La théorie qui sous-tend le triomphalisme consiste à dire que l'Acadie ne peut mourir, puisqu'elle a déjà survécu aux pires épreuves qu'un peuple peut endurer. Elle comporte un volet plutôt irresponsable, qui consiste à dire que nous n'avons qu'à nous laisser vivre puisque l'avenir nous appartient.

Le nationalisme acadien présent dans les premières œuvres artistiques traverse lui aussi une impasse dont il a du mal à se remettre. Plusieurs des écrivains de la première heure ont renoncé à l'écriture ou ont drastiquement modifié leur approche pour la rendre plus ouverte à des débats, tels que ceux de la langue. Le chiac est ainsi devenu une problématique d'ordre formel, un enjeu qui nuit considérablement, en détournant l'attention, à la contribution que pourrait faire la littérature au contenu, à la matière nécessaire au débat qu'il est urgent d'entreprendre. Sans ce débat, l'Acadie sombrera dans l'avenir comme elle a sombré autrefois dans le passé. Il faut voir que le chiac, avec ses particularismes, est en voie de remplacer la langue vernaculaire telle qu'on la retrouve chez Maillet par exemple, également marquée par des particularismes mais d'un tout autre ordre. L'importance de l'accent, de la créolisation de la langue ou du sujet renvoyé au rang de prétexte risquent ici de porter un coup dur à une littérature, pour ne cibler que cette forme d'art, qui n'a que peu d'œuvres à son actif et encore moins de notoriété pour consolider son entreprise.

D'un point de vue atlantique, cet état de fait contribue à entretenir une notion d'identité qui, au-delà de l'accent, ne semble pas vouloir se singulariser. L'intérêt que l'art doit accorder aux moyens ne doit jamais primer sur la fin, et l'utilisation, le but du langage doit demeurer la communication, sauf peut-être dans les moments d'accalmie, de diversion ou d'irresponsabilité, alors que l'on peut se concentrer sur la forme pour gommer le contenu ou, dans un autre ordre d'idées, sur le signifiant pour banaliser le signifié. Comme le disait le critique René Huyghe, le premier élément de l'art, c'est d'avoir quelque chose à dire.

V AS IN VIOLIN

If there was one art form common to the entire Atlantic region, it would probably be the art of the violin. From Joseph Cormier, a Cape Breton fiddler living in Massachusetts who was awarded the Medal of Freedom for his contribution to Scottish music; to the legendary Buddy MacMaster and his famous daughter Natalie; to Éloi LeBlanc, the Acadian fiddler who became a legend as well as Andre à Toto or Johnny Comeau or Ashley MacIsaac discovered by Phillip Glass or Dominique Dupuis who played to mass audiences in France; to Joseph Larade who would tune his instrument as a bag-pipe; to Ned Landry, to Ivan Hicks, to the young Samantha Robichaud, to so many thousand unknown artists who have learned its vast repertoire as a faith in tradition and a party accompaniment, violin has endured as the true sound of a people dedicated to their roots.

A few weeks ago I attended a concert for the New Brunswick Highland Games, held each summer on the eleven acres surrounding Old Government House in Fredericton. I noticed how many of the fiddlers were women playing in musical formations, dedicated to creating new perceptions of that cultural heritage. It reminded me that gone are the days when a lone fiddler, possessed by some devil energy and a musical memory all to himself, would perform all night for tireless dancers never far from their drinks and quick to break into a fight. As a kid, growing up on New Brunswick's North shore, an area now known as the Acadian Peninsula, I heard thousands of stories involving mythical nights when strong men would prove their strength in liquor and in music-driven bouts against entire dance halls or wedding receptions.

Those myths are long gone, the RCMP is but one phone call away and times have changed to a more civilized and graceful behaviour. What remains, though, is this haunting music from another age, which seems to hold the ambiance and atmosphere of when there was no electricity, no radio, no paved roads, no GPS, no CDs, no cars – a time when people were just hanging on to life as something to be enjoyed immediately, because survival was a constant effort. In those days especially, music must have been an immense relief.

Nowadays, the violin endures thanks to the dedication of people who see it as a treasure – people like Helen Creighton and Father Anselme Chiasson, and also because of people like Johnny Comeau's father, who couldn't remember where the music came from, but he had heard it from many in his family before him. It was a family affair.

Today, that family has become a community. More than any other art form, music creates a vibration that extends beyond cultural and linguistic borders. I have often wondered what image that music carries, from its Celtic and bucolic origin, to the electrified and recorded versions that have become part of our regional as well, now, as our international image.

Years ago, I was puzzled by the fact that fiddlers were listening to hard rock for enjoyment. Wasn't that a breach of contract with tradition? I once wrote an unproduced film script in which the hero worked as an extra at a place like the traditional "Village historique acadien," and at the end of his day, in his nineteenth century garb, he would get into a flashy car and pop a heavy metal Metallica-type CD in the player and head into the sunset.

Again, this is tradition merging with modernity. As anachronistic as it might seem, we have no choice but to make this music as sophisticated or as authentic as we can, in order for it to retain its emotional impact and significance. As for the violin, its sound is a legacy, a portable memory and a human chronicle, coded in strings stretched over a wooden box, producing a sound that has traveled the earth and to which we have devoted much time and much hope. The fact that it has survived and thrived here, more than anywhere else it seems, is a testimony to our deeply rooted identity and sense of continuity.

Twenty years ago, I would have chastised myself for saying what I just did. In those days, I was totally devoted to a modernity about which I am now very dubious, for alienating its public and for drawing on discourse instead of emotion to impose works that are weak if not empty of meaning. Maybe the idea was for us to become machines, as Andy Warhol once said. But this can easily become a denial of art as the most important experience of language.

W COMME WESTERN

Western, comme dans *Country and western*. Les provinces de l'Atlantique ont produit quantité de chanteurs qui ont marqué ce genre de musique, même si nous sommes loin des plaintes et des complaintes qui semblent en avoir émané. De Hank Snow à Stompin' Tom et de George Canyon à Cayouche, le succès musical semble passer par ce genre de musique dans lequel nous nous sommes reconnus. On aurait pensé que l'Acadie serait étrangère à cette réalité, du fait de la langue et des thématiques qui nous en éloignent considérablement. J'y vois surtout une sorte de témoignage de notre appartenance américaine. Willie Lamothe qui, pendant longtemps, a été la plus importante vedette québécoise, a lui aussi eu à subir les sarcasmes de la gent intellectuelle qui, elle, s'identifiait à l'intelligentsia française. Entre Léo Ferré et Marcel Martel, le choix ne se posait pas. Il en fut de même en Acadie, où la musique classique se situait en haut de l'échelle, suivie de la chansonnette française, suivi du folklore. Les musiques d'origine américaine telles que le rock, le jazz ou le country étaient vues comme des importations que l'Église considérait comme des inventions du démon, car elles permettaient des danses où le corps prenait un peu trop d'importance. Or chacun sait que le contrôle des corps constitue un élément important de toute idéologie, car il prive les individus de leur possession élémentaire.

En Acadie et dans la partie francophone des provinces de l'Atlantique, le country a représenté une dimension plus quotidienne du western, que l'on assimilait au monde des cowboys et qui prêtait un peu à controverse, du moins en français où ce contexte n'existe absolument pas. Il reste que cette musique fait partie de notre identité au niveau populaire et devient une référence dont je me suis souvent servi pour identifier un certain milieu et une certaine réalité sociale. C'est le cas de la pièce *Le Christ est apparu au Gun Club*, où une chanteuse country partie pour la gloire revient en Acadie espérant y retrouver la petite vie qu'elle avait voulu fuir. Pour la pièce, il m'a fallu écrire une dizaine de textes de chansons country, ce qui m'a amené à réfléchir sur l'attrait populaire que cette musique exerce sur ses auditeurs. J'en ai conclu qu'il s'agit probablement d'une affirmation directe et sans détours des réalités de l'existence. Un chagrin d'amour devient ici une peine racontée au premier degré avec une émotion aussi intense que celle présente dans les airs d'opéra. Cela me rappelle une autre idée que j'ai eue, de créer un opéra dont la musique serait fortement inspirée du country. Il ne me manque qu'un musicien assez décontracté pour tenter l'expérience.

Je crois que cette musique nous rejoint en Atlantique parce qu'elle comble un besoin de raconter, ce qui m'apparaît comme une caractéristique qui recouvre toute forme d'art populaire. Il y aurait beaucoup à dire sur les fondements de cet art proche de ses racines, et de l'art naïf qui lui sert de support et d'inspiration. L'art populaire est, selon moi – et c'est la conclusion de mes études en esthétique –, à la base de tout art original. C'est pourquoi les œuvres des artistes populaires ont été copiées ou transformées afin de servir de base à des formes plus sophistiquées, que l'on doit ensuite justifier par un discours et une logique historiques qui nous échappent la plupart du temps, puisque nous n'avons pas les moyens de l'imposer ne serait-ce qu'à nous-mêmes. Pourtant il est primordial, dans le nivellement anticipé des cultures, de retrouver une base qui puisse nous servir de réserve de conscience et de lien avec les autres cultures. En ce sens, ce que nous avons voulu jeter ou dissimuler risque de devenir notre planche de salut, un peu comme les virus qui exterminent les extraterrestres dans *La guerre des mondes* de H. G. Wells. La musique country, comme plusieurs autres formes d'art populaire, peut nous paraître comme indigente mais elle contient une part de notre mémoire collective qui nous servira de refuge et d'inspiration pour les années à venir.

X AS IN 'X'

It has been said that a great many Louisiana Acadians have a name ending in X because they could not sign. And so, the mark that they put at the end of their name became part of the spelling of Breaux, Thibodeaux and Babineaux. Growing up, I saw my father do the same thing since he could not sign his name. Born in 1899, he was a man of great courage, hiding his limits under a tremendous sense of humour. Humour is a characteristic often identified with Acadians, but I believe with people from the Atlantic area as well.

Illiteracy is a plague that we need to eradicate; it has always been associated with poverty, and the social disorders that accompany poverty. In the Maritime Provinces we have a serious problem since fifty-one percent of the population are considered as having poor literacy skills. In New Brunswick, for instance, the rate of functional illiteracy, at twenty-five percent, is the second lowest in the country. Twenty-two percent of adult Canadians have serious problems dealing with printed materials. Yet, about forty-five percent of new Canadian jobs created during this decade will require at least sixteen years of education. Canadians with the lowest levels of literacy skills have an unemployment rate of twenty-six percent, compared to four percent for Canadians with the highest literacy levels. Sixty percent of Canadians on social assistance have not completed high school. The International Adult Literacy Survey has also found clear links between excessive TV viewing and poor literacy. Which reminds me that Cap-Pelé, a village in New Brunswick, has established a national record of sorts, with an average of twenty-two hours a week spent in front of the TV. This is not something to brag about. And it seems that every new Statistics Canada report falls on our head like a bad omen.

As a writer, this is a situation that you have to face with caution, since you know that writing a book and having it published is an act of faith, like putting a message in a bottle and throwing it in the ocean. Living in a community with such low reading skills, you have to accept the fact that either you write for no one, or that your book will be read far away from here and create a wave that could reach back to this coast.

This is particularly true of Acadian communities where illiteracy may reach sixty-eight percent. We are very familiar with these situations, and realize that the generation gap between readers and non-readers is very close to us, like the experience I have had within my family.

Reading is in decline. It seems that we will soon do away with that experience entirely, and get our stories from the new oral traditions – film, TV, Internet, or as audio books which someone else reads while we drive. It is like Medieval Times, when monks used to read to each other during meals. Maybe a time will come when books will be banned, as in Ray Bradbury's novel *Fahrenheit 451* – not to be confused with *Fahrenheit 9/11*. The parallel between a television-indoctrinated people and a persecuted book-devoted people is strangely becoming more fact than fiction. This is surely why books need to be part of our future. And besides, there is no shortcut to the knowledge and spark of imagination that only books can provide.

So far, the Atlantic region has produced some of the greatest storytellers of our country. From Maillet to Montgomery and David Adams Richards to Alistair MacLeod to Ann-Marie MacDonald, to name a few of a long list, we have invested much more in content than in form, a literature based more on oral tradition than the literary one. These people were very much aware of the milieu from which they emerged, and to which they still refer. They learned their craft from observation and, at least in the beginning, kept a safe distance from the literary world. It would be most inspiring if we could maintain the link with the reality of our environment, but already I notice in recent voices a break from the previous socially-oriented form of writing to a more experimental, formal and narcissistic one, that has the potential to alienate new readers and increase our dependency on the cool medium of television that McLuhan warned us about years ago. There is much to be said under that heading.

Y comme Yahoo.com

Il y a dans yahoo.com une sorte de jubilation western qui me rappelle l'engouement de plusieurs groupes de notre région pour Internet, un réseau leur permettant d'avoir accès et de diffuser des produits culturels. En fait, ces diverses stratégies de diffusion ont entraîné une crise, surtout dans les régions rurales, au détriment des occasions de rassemblement qui, déjà, se faisaient de plus en plus rares. Les cinémas, par exemple, sont devenus des phénomènes presque exclusivement urbains et les ciné-parcs eux-mêmes se font quasi inexistants. Quant aux autres formes d'art, on peut désormais voir que la culture devient de plus en plus virtuelle dans les campagnes et sa concentration se fait désormais dans les villes, ou du moins la culture des villes envahit présentement les régions moins urbanisées. En ce sens, il s'est produit une transformation de l'écologie de l'art, qui a fait en sorte que l'art n'a plus cette authenticité première, garante de son originalité, mais obéit plutôt à des courants internationaux, transformation qui déjà nous donne à croire que le nivellement culturel que nous promet la mondialisation est en voie de s'accomplir.

Cette situation n'est pas propre à l'Acadie ou à l'Atlantique ; je crois que c'est désormais le lot de la planète de réagir simultanément aux événements et de développer une culture pas nécessairement reliée à autre chose qu'à des considérations que je qualifierais de mythologies personnelles, pour ne pas dire narcissiques. Or l'art tel que nous le concevons dans une région comme la nôtre est encore fortement teinté par l'articulation des préoccupations de la population. On peut le voir dans les œuvres des artistes visuels, des musiciens ou des écrivains, dans lesquelles on trouve des sujets et un traitement plus accessibles qui tiennent compte du public auquel elles sont destinées. Cela ne veut pas dire qu'il n'y a pas d'intérêt pour un art plus complexe du point de vue formel, mais ces manifestations demeurent souvent marginales. Une ville comme Halifax, par exemple, s'est fait la conservatrice d'un art naïf très riche en provenance des campagnes et en même temps, il s'agit de l'une des villes ayant acquis une grande notoriété sur le circuit de l'art contemporain, le Nova Scotia College of Art and Design ayant accueilli des artistes aussi célèbres que Joseph Beuys ou Michael Snow. La même situation se répète dans un milieu plus urbanisé, me direz-vous, mais le discours et les infrastructures qui font la promotion de ces travaux les placent souvent dans un circuit mondial plus neutre et moins régional dans son inspiration.

Indépendamment de ces visions internationales – entendues ici dans le sens uniforme du terme –, il existe des visions « régionales » qui incarnent un propos éminemment accessible et qui mettent de l'avant une conscience régionale et nationale qui nous identifie autrement. C'est ainsi que le public étranger comprend et apprécie des œuvres telles que celles de MacLeod ou de Maillet. Est-ce par leur exotisme ou leur attrait pittoresque, ou est-ce parce que le public a accès à quelque chose qui confirme une vision plus juste, pourtant dénoncée par ceux qui œuvrent à produire une vision « moderne » davantage ajustée sur les idées nouvelles à la mode, qui sont ici comme ailleurs la confirmation d'une insécurité dont notre pays fait souvent les frais ?

Ici comme ailleurs, la vertu se tient au milieu, au sens où il est important pour la région de l'Atlantique de garder son identité et de l'exprimer dans des œuvres d'art nouvelles qui tiennent compte de la tradition. Internet, que l'on a souvent considéré, par son potentiel à apporter à tous la bonne nouvelle, comme le salut en matière de diffusion, ne peut remplacer la réalité physique d'un public qui ne doit jamais renoncer au fait que le corps est le siège des émotions. Internet peut produire des catalogues géniaux, mais il restera toujours à la remorque d'artistes et à la recherche d'objets pour incarner et confirmer ses promesses. Mais encore là, il se peut que l'on apprenne à lire *Islands* d'Alistair MacLeod ou à apprécier *Hound in the field* d'Alex Colville sur notre écran d'ordinateur tandis que nos sens s'atrophient lentement.

Z AS IN ZEN

Buddhism has a very simple plan to help humanity eliminate pain and acquire illumination or nirvana. Birth is painful, old age is painful, sickness is painful, association with unloved objects is painful, separation from loved objects is painful, the desire which one does not attain, this too is painful – in short, the five elements of attachment to existence are painful. The five elements of attachment to earthly existence are form, sensation, perception, aggregates and consciousness. The desire for sensual enjoyment and clinging to earthly life is the cause of sorrow. If we can eradicate desire, all sorrow and pain come to an end. We enjoy Nirvana or eternal peace.

We associate Zen with Buddhism and Japan because the doctrine stems from there, but it is apparently more popular in the West than in Japan. Zen has come to represent our openness, a somewhat placid and phlegmatic approach to life, which reminds me of the people of the British Isles – again, an island like Japan, just as many of us live in an environment surrounded by the sea.

Agriculture in the Atlantic region is not as important as fishing in terms of industry and livelihood. We spend a great deal of our lives on the sea, which is somehow a Zen practice. The calm of its meditation can yield a deadly blow if our attention weakens or wanders. Samurai warriors would stay in catatonic states before breaking, in one fatal blow, an opponent.

Often, we have been blamed for our negligence and lack of commitment. Someone I knew who worked in Moncton, once said of the Acadians, "Here there are only two speeds: slow and stopped. And what they do the fastest is get tired." He has since been dismissed from his position because of sexual harassment. Maybe he was a little TOO fast, because he sure met his fate.

Granted, there is a slower pace to which we are identified, and a sense of dependency on nature – of which the sea was, and probably still is, one of the main components. Its minimal landscape – the flat sea – is probably central to the definition of our character. When you are on the water, in a fishing boat, you know your work and your position, and conversations tend to be rather sparse. When you are ashore, it is quite different. Like people who live alone and enjoy talking to people they meet, people of the Atlantic become quite animated when they get together, both formally and informally. Like the sea, which can be as quiet as a mirror before breaking into an unforeseen rift of energy, people of this region have the capacity to endure a great deal of stress, the capacity to help one another like no other people in this country, and the ability to see things from a distance. They look upon strangers with the same curiosity as they do upon something approaching from far away on the horizon, a sort of Zen meditative gaze, as well as with a generosity like no other when they have adopted you as friend and confidant. These are the two ways, the two speeds and two attitudes of the sea – the patience of the sea and its anger as well. What we have seen so far is the patience, but the anger also exists and its time will come, when we no longer tolerate name-calling; then "working for the man" will come to an end. That's when we will regain our faith in the wealth of this land and put it to better use than just as a tourist-based economy, a picturesque destination or a subsidized dream. The future holds great promise, and I have no doubt that one day, quality of life will prevail over the desire to be with the in-crowd or "in the money" or of "being from nowhere," as my friend Gérald Leblanc once wrote. The sea – "la mer" in French – is a homonym for "la mère," the mother. It is a great source of security and compassion. As those who go away come to realize, it might be the source of our true identity. We are people of the Atlantic and wherever we are, wherever we go, we long for that Zen landscape of blue on blue – a source of melancholy, yet also, blue the color of peace and serenity.

Abécédaire « Zen et l'art d'être francophone »

Association France-Canada, Moncton, 8 septembre 2006

A COMME ART

L'art est une manière de vivre. C'est au vingtième siècle qu'un artiste du nom de Marcel Duchamp décida de faire de sa vie le sujet de son œuvre, affirmant ainsi une équivalence entre l'art et la vie. Une révolution qui a changé complètement notre vision de l'art. De la même manière, les Balinais affirment ne pas avoir besoin d'art comme tel puisqu'ils s'appliquent à bien faire tout ce qu'ils font.

Pour nous, pauvres Occidentaux, l'art est une fonction séparée de la vie, en ce sens que nous avons délégué cette fonction aux artistes, qui nous transmettent la beauté qu'ils ont découvert, qu'ils traduisent dans leur manière de voir, de chanter, de danser, de parler ou d'écrire. En ce sens, l'art est devenu une sorte de religion qui se manifeste dans des lieux qui lui sont consacrés, de la même manière que, pour plusieurs personnes, Dieu se trouve dans les églises et les lieux du culte.

L'art dont il est question aujourd'hui, l'art d'être francophone, provient davantage d'une manière d'être, d'un style, de la réflexion et de la volonté d'affirmer ce qui fait de nous des francophones, c'est-à-dire des parlants français. Cet « esprit » se déploie dans un parcours, dans des détails, dans une manière de faire les choses mais surtout, ici comme ailleurs, dans une volonté de prolongement qui nous met souvent en situation de crise ou de conflit dont l'issue ne nous apparaît que rarement. L'art devient ici essentiel car il contient la racine d'un verbe qu'il nous est important d'exercer, celui d'articuler, de rendre clair notre projet, de l'affirmer dans une perspective contemporaine mais aussi, et surtout, en fonction d'un avenir qui nous tient à cœur et qui nous lie à l'espace que nous habitons, à notre identité et à notre projet humanitaire beaucoup plus qu'à celui d'un retour en arrière pour justifier notre angoisse et nos plaintes ancestrales.

B COMME BILINGUE

Nous avons le privilège et la chance de vivre dans l'un des pays qui fait l'envie de la planète. Nous sommes le résultat malaisé et sûrement improbable de deux grandes nations européennes. La concision de la langue anglaise et la précision de la langue française, deux notions qui se reflètent sans doute dans notre manière de vivre et dans la façon dont nous nous adaptons à l'environnement. Nous avons différentes conceptions de cette réalité et nous n'en aurons jamais la connaissance viscérale des peuples des Premières Nations. En raison de leur long parcours et de leur acclimatation à ce territoire, ils sont les seuls à porter l'esprit de ce pays sur lequel nous avons imposé une manière européenne de voir et de faire les choses.

Notre culture et notre langue s'affirment dans un éternel compromis. Les francophones se plaignent souvent du fait que la conversation passe à l'anglais dès qu'un anglophone est présent ou que les discours publics sont unilingues anglais sous prétexte que tous les francophones présents sont bilingues. Ce sentiment d'exclusion n'a pas d'équivalence, l'anglais étant devenu la langue seconde de la planète, tout comme le latin l'a été au temps de l'Empire romain, avec toutes les analogies et les limites qu'une telle comparaison entraîne.

Comme vous le savez, il y a eu et il y aura encore plusieurs stratégies visant à remédier à ce malaise, qui se trouve au centre même de notre identité comme nation. Bien sûr, l'apprentissage de l'autre langue demeure la meilleure approche afin de solutionner le problème. Comme le disait Gilles Vigneault : « Chacun parlera dans sa langue et comprendra dans la langue de l'autre », ou, comme l'avait dit un de mes amis, en parlant de l'anglais : « Je le parle très bien mais je ne le comprends pas. »

Il s'avère que la culture est plus qu'un débat, puisqu'elle est aussi et surtout la somme de détails qui s'additionnent pour créer une identité, détails qui prennent une vie entière à s'accumuler et des siècles à retracer. Voilà, je crois qu'il faudrait adopter une position plus humble et prendre acte de la sagesse des peuples des Premières Nations, de ce qui reste de leur culture, de leurs connaissances et de leur compréhension de l'âme de ce territoire où nous nous trouvons présentement.

C comme Culture

Le concept de culture se voit souvent étiré pour recouvrir deux réalités reliées bien que distinctes. Culture peut s'appliquer aux valeurs d'une collectivité, par exemple ce qui fait de nous des francophones ; dans son sens plus restreint, on l'associe généralement à la fréquentation des œuvres d'art. Cette deuxième notion provient sans doute de la dimension spirituelle car c'est un fait que les sociétés, tout comme les individus, vivent de rêves et d'idées, de projets et de visions.

Je me suis souvent demandé comment une société arrive à choisir et à exprimer, dans la culture, certaines valeurs et à en délaisser d'autres. Ainsi, le fait que l'Acadie ait misé sur une affirmation de son passé au détriment de son avenir constitue une énigme à laquelle j'ai beaucoup réfléchi, espérant que l'avenir lui-même nous donnera une vision plus positive de notre réalité.

Il faut voir aussi que notre culture est sans cesse confrontée à une définition qui lui vient de l'extérieur. Il existe une Acadie fabriquée au Québec et une autre fabriquée en Acadie, avec pour distinction que celle en provenance du Québec possède des moyens dont l'autre ne peut que rêver. Notre appartenance à la Francophonie se fait ainsi de manière périphérique et notre identité se voit souvent, de ce fait, distordue.

D comme Détente

Détente est un mot français provenant sans doute du vocabulaire diplomatique et que les anglais ont adopté. En consultant le *Robert & Collins*, on se rend compte qu'il signifie la même chose dans les deux langues. Il est cependant passé à l'anglais sans l'accent qui lui donne son identité française. Ces accents, qui n'existent pas sur un clavier anglais et que les fabricants d'ordinateurs ont décidé d'éliminer puisque encombrants. L'avenir, d'un point de vue global et mondial, sera sans accent.

Guy Duguay – un de mes amis peintres, décédé il y a une dizaine d'années – a créé une œuvre sur ce thème. Sur un fond ocre plutôt uniforme, il a appliqué un mélange de sable et de colle représentant un accent aigu. Un accent qui nous identifie à plus d'un titre car, en plus de marquer l'orthographe et la prononciation, l'accent donne aussi le ton, la musique et la provenance du langage. Comme le dit le chanteur belge Julos Beaucarne : « L'accent, c'est tout un pays qui sort d'une bouche. »

Détente prend un tout autre aspect quand on l'applique aux conflits linguistiques. Pour les francophones, la langue est un champ de bataille : il faut combattre pour la garder, pour en conserver l'intégrité et la pureté. En Acadie, cela a eu pour conséquence de créer un état de conflit perpétuel, une cause à laquelle la jeune génération doit adhérer et à laquelle elle se voit de moins en moins associée. Je me suis souvent demandé ce qui se produirait si, au lieu d'insister sur les tensions, on s'appliquait à favoriser une approche fondée sur la détente, la beauté, le mode de vie que l'on associe à la culture française comme un art élaboré sur plusieurs siècles et destiné à demeurer dans nos vies, de la même manière que notre accent va continuer de colorer notre langue.

E comme Être

En français, il y a deux verbes fondamentaux. Les verbe être et avoir, qui s'ajoutent aux autres verbes pour donner les temps composés. Pour ma part, j'en ajouterais un troisième : le verbe faire, qui établit une sorte de passage de l'être à l'avoir.

En Occident, notre attraction, et sans doute notre prédilection, semble nous orienter vers le verbe avoir, que l'on trouve partout dans la conversation et qui signifie la possession. J'ai une voiture. J'ai un enfant. J'ai une maison. Quant au verbe être, sa connotation existentielle nous met sur la défensive, nous entraînant souvent dans des « états » d'âme et des aveux qu'il vaut souvent mieux éviter. On dit que les Orientaux utilisent le verbe être pour affirmer d'une manière contraire à la nôtre qu'ils sont le propriétaire d'une voiture, le père d'un enfant ou le locataire d'une maison.

Lorsqu'on s'attarde à la couche identitaire que la francophonie ajoute à notre personnalité, une constatation émerge qui nous porte à réfléchir à l'importance de la langue dans notre vie. Être francophone, ce n'est pas seulement parler une langue, c'est faire partie d'une histoire, d'une culture et, surtout, d'un devenir. Nous contribuons tous à une sorte de fonds de fiducie, qui serait l'avoir de notre langue, nous faisons du français notre espace vital et ce faire augmente notre être, augmente notre conscience d'être au monde. C'est pourquoi le verbe faire a lui aussi un rôle majeur dans la définition de notre expression, car c'est dans le faire, en d'autres mots dans l'action, dans l'affirmation qu'une langue définit l'espace qui lui revient.

Être francophone, c'est faire en sorte que la langue nous habite dans notre être de la même manière que nous l'habitons dans notre avoir, dans notre avenir (bis).

F comme Francophone

Le français est la neuvième langue au monde en nombre de locuteurs. On estime qu'elle est la langue maternelle de cent neuf millions de personnes et qu'elle serait parlée par un autre cent cinquante millions de personnes. Elle a été créée officiellement par un décret du cardinal de Richelieu qui, en 1634, avait mandaté quarante membres d'une nouvelle académie qu'il venait de constituer, l'Académie française, de mettre au point une langue libérée des imprécisions de l'usage, des irrégularités de l'orthographe et des variations dues aux patois et au jargon. Il voulait faire du français à la fois d'un instrument d'efficacité administrative et de prestige culturel.

Le français devient alors la langue la plus simple et la plus claire de toute l'Europe. Il est parlé à la cour de Suède, devient le langage de la diplomatie et la référence en termes de sophistication. Le peuple, pour ne pas dire le bas peuple, n'ayant pas été consulté dans ce projet royal, continua de parler comme il parlait, s'accommodant tant bien que mal de la nouvelle entreprise. C'est ainsi que toutes les variations et les incongruités dont on avait voulu libérer la langue ont refait leur entrée par la porte arrière, apportant avec eux un flot d'exceptions à toutes ces belles règles et faisant du français une langue fort complexe. Si l'on ajoute à ceci la réforme plus récente de l'orthographe, dont plusieurs doutent qu'elle puisse s'accomplir, et des emprunts plus ou moins justifiés et de plus en plus nombreux à la langue anglaise dominante, vous obtiendrez un portrait approximatif de notre langue qui, à mon avis, a connu des jours plus glorieux et moins compromettants.

Quoi qu'il en soit, c'est notre langue et nous l'aimons.

G comme Gouvernement

De plus en plus, on reconnaît au gouvernement un rôle important dans la protection et la promotion de la langue française. Par l'entremise du système éducatif, il existe désormais une volonté que le français soit reconnu comme un élément important de l'unité nationale. Le Canada, le Québec et l'Acadie du Nouveau-Brunswick ont tous trois un siège à la table des pays et États francophones ; trois sièges pour un seul État, donc, signe avoué d'une discorde qui ne semble pas en voie de se régler.

Comme pour beaucoup de dossiers, le gouvernement exécute les volontés que lui transmet la population. Il fut un temps où la notion de protection du français n'existait pas et où la promotion de cette langue se faisait par une passion qui relevait de l'identité linguistique couplée à la foi dont elle était garante : « Qui perd sa langue, perd sa foi », slogan désormais transformé en « Qui perd sa langue, perd sa culture ».

Dans un reportage troublant diffusé par Radio-Canada il y a quelques semaines, on traitait des langues des Premières Nations, qui sont en voie de disparaître. On y présentait un film d'archive des années cinquante, dans lequel un prêtre d'une congrégation quelconque démontrait pour la caméra les progrès en français d'un jeune autochtone, progrès acquis par des méthodes qui, depuis, ont été déplorées. Le français, lui aussi, a dû établir son rapport de force et cela me fait penser à l'historien Michel Foucault, pour qui le pouvoir peut déraper à tout moment, raison pour laquelle il faut exercer envers lui une vigilance constante.

H COMME HISTOIRE

En tant que francophones, l'histoire est au centre de notre identité. Qui sommes-nous et d'où venons-nous semblent des prérequis pour établir la direction que nous allons prendre. L'idée généralement admise que l'histoire se répète et qu'il est possible de voir clair dans l'avenir en évoquant les situations du passé est mise à rude épreuve. Peut-être serait-il plus facile de vivre comme si le passé n'avait jamais existé et qu'il n'y avait que du futur.

Nous venons de célébrer quatre cents ans de présence acadienne sur ce continent, soit le plus vieil établissement européen au nord de la Floride. Cet anniversaire a fait l'objet de multiples célébrations, dont la plupart centrées sur le passé comme un hommage à la conviction et surtout à l'endurance de notre culture. J'ai remarqué, cependant, que dans la reconstitution historique qui a accompagné plusieurs manifestations, l'on s'est surtout attardé à 1604, cet hiver tragique à l'île Sainte-Croix qui a entraîné la mort de la moitié des hommes, et à la Déportation. Trois temps donc : le début, le milieu et nous à l'autre bout dans une sorte de procession de malheurs.

L'an dernier a été marqué par les commémorations du deux cents cinquantième anniversaire de la Déportation, un événement que l'on qualifie de plus en plus de génocide, selon la thèse de l'historien américain John Farragher. Sans vouloir en minimiser la douleur et la cruauté, il faut reconnaître que de tels anniversaires ramènent à l'avant-plan la colère et son complément, la culpabilité, deux sentiments sur lesquels nous ne construirons pas grand-chose, même si nous ne pouvons nier qu'ils font partie de notre manière de nous connecter à l'histoire.

Cette année, nous célébrons deux événements tout aussi conséquents, soit les quatre cents ans de la première représentation théâtrale en Amérique du Nord et les quatre cents ans de l'Ordre de Bon Temps, le premier club social en Amérique du Nord créé à Port-Royal. Le discours et la bouffe. J'ai souvent pensé que la société française avait axé ses plaisirs sur l'oralité, si l'on pense à la parole, au vin, ou encore au développement de l'une des plus grandes cuisines au monde. Nous n'avons qu'à regarder ce qui se produit aujourd'hui pour voir que ces dimensions demeurent au centre de notre identité et de notre bien-être en tant que francophones. Pourtant, ce sont deux anniversaires dont on entend peu parler. Serions-nous plus à l'aise dans le malheur que dans la joie de vivre, si française, qui elle aussi fait partie de notre histoire ?

I COMME IDENTITÉ

On a dit de l'identité qu'il s'agit d'une stratégie inventée par les sciences humaines pour mieux étudier certains spécimens. Nous savons que ces sciences tirent des conclusions précises en autant que l'échantillonnage demeure constant, c'est-à-dire identique. Autrefois, le concept n'existant pas, il ne semblait pas nécessaire de tirer des conclusions sur le comportement des francophones vivant en milieu minoritaire, par exemple. Puis vint un temps où nous avons été étudiés sous toutes nos coutures, ces études ayant pour but de produire un portrait-robot du francophone en milieu minoritaire, études qui se poursuivent encore mais qui débouchent rarement sur une stratégie quelconque.

L'appartenance linguistique et culturelle est devenue à la longue un élément de définition et s'est peu à peu mutée en élément réducteur. Ainsi, le fait d'être Acadien, pour certaines personnes, entraîne un comportement qui voudrait faire de cette identité la seule et l'unique. Toutes nos autres identités se verraient ainsi soumises à celle-là. Pour les jeunes, une telle stratégie est contraire à leur besoin d'ouverture et d'aventure.

De plus en plus, l'identité se définit comme l'appartenance à un groupe et l'individu doit lui-même définir où se situent ses priorités identitaires. Il se peut que le fait de parler français soit la première priorité de certaines personnes, mais il se peut aussi que le fait d'être musicien ou de travailler à la promotion du droit des femmes soit aussi une première priorité dans la future valse des identités.

J COMME JOB

Ce mot, comme vous le savez, est un mot dont la sexualité est assez troublante. De sa neutralité anglophone il est devenu transsexuel, changeant de sexe en passant de l'Europe au Québec, comme l'affirme le dictionnaire Larousse. Quelqu'un devrait en informer les auteurs qu'il y a plus d'un million de francophones au Canada qui disent aussi « une » et non « un » job.

Quoi qu'il en soit, il reste que l'un des grands incitatifs de l'apprentissage du français demeure la possibilité d'obtenir un emploi bilingue, dont la fonction publique est souvent le point de mire. Le français n'est certes pas la langue la plus facile à apprendre – en fait, apprendre n'importe quelle langue, surtout une fois que l'on a dépassé un certain âge, s'avère difficile. Au Canada, il faut être bilingue si l'on veut entreprendre une carrière en politique et il est réconfortant de voir Stephen Harper, Jack Layton ou Gilles Duceppe faire des efforts louables pour maîtriser les deux langues. On pourrait dire la même chose des jeunes qui se débattent en immersion dans des milieux où le français n'est pas très présent. Ou encore de ceux qui apprennent le japonais ou l'espagnol en vue d'une carrière internationale en diplomatie ou de la mondialisation prochaine du commerce.

D'un point de vue plus général, si l'on monte le périscope au-dessus de la perspective d'une job payante, nous sommes à même de constater que ce mouvement constitue un élément de réponse à la question : « Qu'est-ce que le Québec veut ? » – une question sans doute comparable à « Qu'est-ce que les femmes veulent ? », que les hommes posaient dans les années soixante-dix au moment de la montée du féminisme. Ces questions en elles-mêmes ne comportent pas de réponse définitive, mais traduisent plutôt un malaise plus large, dont la résolution exige beaucoup plus que l'apprentissage du français ou l'engagement à faire la vaisselle. Sans doute y a-t-il un besoin apparent d'égalité – chose difficile à mesurer et encore plus difficile à atteindre. La solution se trouve bien au-delà de la propension que nous avons à négocier ou à mettre une compresse de glace là où ça fait mal.

K comme Kodak

Il est assez intéressant de constater que la plupart sinon tous les mots en K sont des mots d'emprunt et constituent une sorte de carrefour international de la langue française.

De kabbale qui vient de l'hébreu, à ketchup qui vient de l'hindi, du russe Kalachnikov à l'inuit kayak, de kaléidoscope qui vient du grec à kimono qui vient du japonais, ou de kermesse en provenance du néerlandais à kung-fu qui vient du chinois, la langue française semble ici avouer ses limites en exhibant ses multiples emprunts.

La lettre K elle-même semble être une anomalie et sa présence dans l'alphabet dédouble un peu le son *ch*, qui se prononce de la même manière. Pour tous ceux qui ont joué au scrabble, c'est assez problématique et souvent même une véritable malédiction que d'avoir à se débattre avec ce cadeau empoisonné.

Y a-t-il un avenir pour la lettre K dans une réforme de l'alphabet qui mettrait de l'avant l'expertise au détriment de l'usage, ce vieux mal français de concevoir des systèmes en dehors de la vie, qui se chargent toujours de les modifier au point où il devient impossible de s'y retrouver ?

Pourquoi le mot Kodak ? George Eastman, l'inventeur du Kodak, lui donna ce nom parce qu'il ne correspondait à aucun autre objet, qu'il se prononçait bien dans toutes les langues et qu'il y trouvait un rythme plaisant à entendre. En ce sens, la lettre K est peut-être destinée à un plus grand avenir que les quelque quatre ou cinq pages dont elle fait présentement les frais dans le dictionnaire.

L comme Langue

D'après la bible, les langues sont nées de la réponse de Dieu à l'orgueil de l'homme, qui s'était donné le projet farfelu de construire la tour de Babel, une structure suffisamment haute pour atteindre le ciel. Une stratégie destinée à permettre des entretiens privés avec Dieu lui-même. Avant cette tragédie, il semble que l'harmonie régnait dans le royaume linguistique. Aujourd'hui, il existe cinq mille langues sur la Terre dont six cents sont parlées par plus de cent mille personnes et cinq cents par moins de cent locuteurs. Au Canada, des cent quatre-vingt-sept langues parlées, quatre-vingts pour cent seraient en voie de disparition.

Comme nous le savons, les langues semblent contenues dans des territoires avec lesquels elles ont fini par s'identifier. Le français, comme l'anglais, ont leur mère patrie. Leur présence à plus grande échelle et leur expansion se fondent sur l'empire colonial que leurs patries d'origine ont créé et entretenu. Les concepts de « Francophonie » et de « Commonwealth » proviennent de ce passé et s'articulent autour de la culture dans le premier cas et du commerce dans le deuxième, mais ces deux entités entretiennent aujourd'hui des relations ambiguës avec la mère patrie. Le concept de « The Empire Writes Back » que l'on trouve chez des écrivains comme Salman Rushdie ou Michael Ondaatje peut se vérifier chez Antonine Maillet et Patrick Chamoiseau et s'articule sur la reconnaissance mais aussi sur une relation qui demeure étrangère et exotique. On s'est rendu compte, lors du dernier Salon du livre de Paris, de la distinction entre écrivains français et écrivains francophones. Faut-il rappeler qu'il n'y a pas d'Anglophone writers mais bien des English writers ?

Au Canada français, nous faisons partie du nouvel empire culturel français, mais le français est aussi notre langue maternelle, ce qui crée une tension différente de celle vécue en Algérie ou au Sénégal, où le français est principalement une langue de communication. Le français est pour eux une langue effective, qui s'ajoute à leur langue affective, qui est soit le peul soit l'arabe.

Cette situation crée un malaise puisque le centre de notre langue se trouve à Paris, où se décide l'avenir des mots, la sélection de ceux qui feront leur entrée dans le dictionnaire. Les mots du Canada portent l'étiquette « canadianisme » ou sont identifiés par leur origine. Ainsi le mot « congère » désigne ce que nous appelons un banc de neige, qui serait un anglicisme trop près de « snow bank ». Il est bien évident que notre proximité avec la langue anglaise ne peut faire autrement que d'occasionner ce genre d'emprunt, et je crois que ce serait nier notre particularité et notre évolution excentrique que de nous faire franciser certaines expressions au lieu de les intégrer telles quelles.

L'anomalie et, jusqu'à un certain point, l'absurdité de cette situation vient sans doute du fait que nous vivons à longueur d'année dans des « bancs de neige », mais que nous ne sommes pas consultés, et encore moins autorisés à les nommer comme bon nous semble dans notre propre langue.

M comme Minoritaire

Le terme minoritaire fait référence au nombre. On est, cela va de soi, toujours le minoritaire de quelqu'un, ce qui crée une chaîne exotique de relations et de rapports de force correspondants.

Au Canada français, nous sommes les minoritaires du Québec qui, lui, est minoritaire vis-à-vis des anglophones au Canada, et aussi de la France en tant que francophonie, deux pays qui se voient à leur tour comme minoritaires des États-Unis, sans doute eux-mêmes minoritaires de la Chine dans un mouvement perpétuel qui s'appelait autrefois l'hégémonie et qui se reproduit à une certaine échelle où que nous soyons. De la même manière, les Acadiens ont aussi établi un rapport de force qui tient compte à la fois du nombre et de la maîtrise du code, ce qu'on appelle, vulgairement parlant, la qualité du français.

Cette chaîne part du Québec et passe par la Péninsule acadienne, qui se montre critique à l'endroit des « chiacs » de Moncton, qui eux trouvent exotiques les Acadiens de la Baie Sainte-Marie qui, dans leur cas, se partagent entre les *Par en haut* et les *Par en bas*, là où semble s'arrêter ce chaînon de la francophonie – car il y en a beaucoup d'autres.

Cela m'a souvent fait penser que le pouvoir peut s'exercer à partir de n'importe quelle situation ; il suffit que les deux parties reconnaissent les enjeux et consentent à respecter les règles de l'affrontement. La langue peut devenir un de ces enjeux, et la première règle consiste à accepter que ceux qui parlent bien auront droit de parole et ceux qui parlent mal se tairont, établissant ainsi un constat minoritaire dont le silence finit par être le résultat.

N comme Nom

Il fut un temps où nous partagions tous le même nom. Nous étions des Canadiens français, de la même manière qu'il y avait et qu'il y a toujours des Canadiens anglais. C'était le temps des rassemblements monstres autour des croyances et des fêtes religieuses. Nous étions tous les enfants du même bon Dieu et nous avions tous le même paradis en partage et la même quête – centrée sur la survie et la langue qui nous était commune.

Puis le Québec devint le Québec et nous, les « francophones hors Québec ». Du moins, c'est de cette manière qu'on nous qualifie dans le jargon bureaucratique qui nous identifie et nous divise. C'est une chose épouvantable que de se voir défini par ce que l'on n'est pas, par notre exclusion. De nos jours, nous sommes redevenus des Canadiens français, mais cette appellation est plutôt absurde puisque le Québec fait toujours partie du Canada, et que cette identité est toujours réclamée par un grand nombre de Québécois et contestée par ceux qui ne se voient que comme Québécois.

Alors nous attendons toujours l'adhésion à un nom qui prendrait en compte la langue que nous partageons avec un grand nombre de Canadiens. De là nous vient peut-être cette idée saugrenue que nous avons parfois, d'être en exil dans notre propre pays.

O COMME ONDES

Je me souviens qu'enfant nous écoutions CHNC New Carlisle, une station de radio basée en Gaspésie. J'étais au courant des ministres du gouvernement Lesage bien plus que de ceux de Louis J. Robichaud, le premier Acadien à devenir premier ministre du Nouveau-Brunswick. Plus tard, alors que je travaillais comme journaliste à Radio-Canada, je me souviens de l'euphorie qui s'emparait de la salle des nouvelles lorsqu'un de nos reportages passait au national. Les choses n'ont pas tellement changé : il est toujours aussi rare d'entendre des nouvelles de la francophonie canadienne sur les ondes de nos médias nationaux, dont le mandat demeure toujours de refléter les enjeux et l'image du pays.

Par les années passées, je me suis beaucoup impliqué à ce sujet, peut-être en raison de mon travail artistique mais aussi parce que, de nos jours, le discours s'étant déplacé, les médias constituent une version moderne de la place publique. Chacun sait qu'une œuvre d'art est un tout petit signal qui, s'il n'est pas amplifié, risque de se perdre dans l'indifférence générale.

Il semble bien, aujourd'hui comme autrefois, que nous recevons les ondes mais que nous ne pouvons leur répondre, à une époque où il semble pourtant si facile de le faire. En fait, par les temps qui courent, je consacre autant d'heures à visionner la chaîne TV5, où je redécouvre la richesse des cultures francophones, qu'à syntoniser les médias québécois qui, de plus en plus, nous renvoient une vision de notre étrangeté et de notre exclusion, car si pendant longtemps nous avons revendiqué une présence accrue, il faut bien reconnaître que l'indifférence semble avoir fait place à ce que nous avions conçu autrefois comme essentiel à une vision beaucoup plus grande de notre devenir.

P comme Prix

Il y a un prix à payer pour vivre ensemble, pour partager les mêmes valeurs et croire en certaines causes. Combien de fois avons-nous entendu l'argument voulant que le bilinguisme soit au-delà de nos moyens ? Je suppose que les mêmes raisons ont dû être évoquées pour chiffrer le coût des pyramides, des cathédrales, du canal de Suez, du programme spatial ou du chemin de fer qui traverse notre pays. Les gens ont cru que ces projets-là leur étaient nécessaires et importants, et qu'ils traduisaient leur foi dans l'avenir et dans l'utopie qu'ils s'étaient donnée. Il s'agit en fait d'un ordre de priorités relatif à ce que nous croyons, qui témoigne de l'effort que nous sommes prêts à investir pour le mettre de l'avant.

J'ai déjà entendu dire que la raison pour laquelle il n'y avait pas plus de noms de rue en français à Moncton tenait au fait qu'il serait trop dispendieux de changer les enseignes sur les poteaux et que les gens qui vivent sur ces rues devraient investir dans de nouvelles cartes d'affaires et une nouvelle papeterie d'affaires. J'espère qu'il s'agit là d'une fausse rumeur mais, quoi qu'il en soit, on peut toujours se demander pourquoi il n'y a pas plus de noms de rue en français.

De la même manière qu'il faut trois ensembles de vêtements, deux sortes de pneus ou des lames d'hiver pour nos essuie-glaces, je crois que le français fait partie de notre décor au même titre que le climat et l'avenir de ce pays, que plusieurs voient toujours comme une terre promise.

Q COMME QUÉBEC

Il y a tellement à dire à ce sujet, sur ce malaise qui tout à la fois nous rattache à et nous éloigne de ceux dont nous devrions partager le destin. J'ai souvent dit que le Québec gérait la francophonie canadienne, mais qu'il la gérait en fonction de ses intérêts. En ce sens, je suis d'accord avec l'auteur dramatique René-Daniel Dubois quand il affirme qu'il n'y a que des nationalistes québécois qui travaillent à l'avancement du Québec. Il fut un temps où nous parlions d'une même voix, mais peut-être qu'à cette époque nous n'avions pas encore la réputation que nous avons maintenant dans certains milieux, soit d'être une francophonie maintenue artificiellement vivante par le gouvernement fédéral pour contrer le mouvement indépendantiste.

Le million de francophones que nous sommes et qui apprennent à s'affirmer vis-à-vis d'un projet que nous ne pouvons partager ont aussi appris à ne plus compter que sur eux. Nous sommes passés d'un rapport de panique, alors que la séparation du Québec était entrevue comme la chronique d'une mort annoncée, à celui d'une méfiance face aux francophones dont nous devrions être les plus proches. Nous ne parlerons pas ici des trahisons politiques, ni des cadavres encore chauds, ni de notre louisianisation, pour reprendre le mot de René Lévesque, non, je dirai pour reprendre le très beau mot de Michèle Lalonde, à la fin de son poème « Speak White » : « Nous savons que nous ne sommes pas seuls ».

À défaut d'un pays, je dirai que nous habitons désormais une langue, d'où l'importance d'en mesurer l'efficacité et d'en apprécier l'étendue. Quand les Acadiens ou les Franco-Albertains se rendent en France ou ailleurs dans la Francophonie, ils se retrouvent en dehors des tensions politiques avec lesquelles nous devons sans cesse composer ici ; nous pouvons alors échanger dans un vaste espace, circuler sans excuses et sans complexes à partir de cette francophonie américaine dont nous sommes à la fois le produit et l'expression.

R comme Résistance

La relation que nous avons avec notre langue est souvent marquée par un manque de maîtrise, une négligence à la conserver, une impossibilité de la promouvoir. Ce combat constant pourrait être identifié comme une forme de résistance. Être francophone, c'est se battre pour maîtriser, maintenir et promouvoir une identité ancrée dans la langue.

Lorsque j'étais écolier à Saint-Simon, notre enseignant avait inventé un jeu où chacun d'entre nous recevait un nombre de jetons correspondant à un certain nombre de points ; nous les perdions chaque fois que l'un d'entre nous commettait une faute de français que l'autre était en mesure de corriger. Je me suis souvent demandé ce qui se serait produit si, au lieu de porter attention à nos fautes, nous avions été récompensés pour notre maîtrise de la langue, notre connaissance du vocabulaire ou notre élégance d'élocution.

À Moncton, le chiac, pour certains un dialecte, pour d'autres une langue, se voit stigmatisé comme représentant la fin du monde. Longtemps les « chiacs » sont restés silencieux ou « switchaient » à l'anglais quand ils se trouvaient en présence de quelqu'un dont la connaissance du français suffisait à leur valoir un reproche ou à être l'objet de moqueries pour la musique et l'invention dont ils faisaient preuve dans le métissage d'une sonorité qui les unit. De nos jours, le chiac est non seulement « légal », pour reprendre l'expression de France Daigle, mais il est à la mode. Il a même fait son chemin dans les œuvres de l'esprit, où on le considère à la fois comme charmant et alarmant. La résistance à ce phénomène est perçue comme vieux jeu et réactionnaire – qu'on soit pour ou contre.

S comme Statistiques

Il y a dans les chiffres quelque chose de terrifiant et de démagogique. En ce qui concerne la Francophonie, ils sont souvent utilisés comme preuve à l'appui soit de la vitalité soit de la régression, car ils mesurent l'indice d'assimilation, indice qui souvent semble constituer le seul intérêt du recensement de Statistique Canada.

Je me souviens d'une rencontre à l'Université York, à Toronto, portant sur les relations entre la francophonie canadienne et le Québec. Les choses s'étaient relativement bien passées jusqu'à la conférence de clôture, alors qu'un démographe de l'Université Laval nous a refait, chiffres à l'appui, le numéro de notre mort prochaine. Je me suis longtemps demandé si on l'avait fait exprès ou s'il s'agissait d'une coïncidence. Il est bien évident, dans une perspective zen, que nous allons tous mourir mais idéalement le plus tard possible, et que cela ne devrait pas être le moteur de notre existence. L'idée n'est pas de se sauver de la vie mais d'y entrer, de la même manière que ce n'est pas en se racontant des peurs qu'on peut apprécier le temps qui passe.

Les chiffres, contrairement aux lettres, constituent une langue réelle qui nous remet en face de nos contradictions, mais nous vivons pour les faire mentir. Les choses essentielles que sont l'amour, la paix, la liberté ou la beauté n'ont pas de système de mesure et c'est très bien ainsi. De la même manière, l'indice de francophonie ne possède pas d'échelle et sans doute résonne-t-il beaucoup plus pour ceux qui en mesurent chaque jour l'exigence que pour ceux qui s'appliquent à en chiffrer le prix ou le nombre.

T comme Territoire

Il y a toujours eu une tension entre le territoire et la « diaspora », entre le centre et la périphérie. Cela relève de la nature humaine et de l'état des lieux. Au Canada, le Québec est identifié comme le territoire francophone ; dans le Québec, Montréal ; et dans Montréal, le Plateau-Mont-Royal. En ce qui nous concerne, nous faisons partie de la « diaspora ». Notre autoproclamation comme « francophones hors Québec » ne peut faire autrement que de créer un certain nombre de tensions, mais il semble que nous obéissions à un instinct autrement plus accaparant.

En tant que francophones, nous obéissons à ce que l'on pourrait appeler le « mal français », qui découle de notre propension à centraliser, à classifier, à ordonner même la nature comme on la trouve dans ces jardins dits à la française, où les arbres sont alignés et contraints dans des configurations définies. Le centre de notre langue est en France et en France, à Paris, qui est aussi hors Québec. Nous sommes tiraillés, pris au milieu d'un combat de centres qui, à certains moments, peut nous paraître assez démoralisant. Il y a quelques années, il m'était venu à l'idée de faire imprimer sur un T-shirt le message suivant : « Nous sommes cent millions de francophones hors Québec, soyons fiers. »

U comme Unité

L'Unité appartient à Dieu, le seul et unique, et constitue en ce sens une dimension à laquelle nous aspirons, malgré tous les manques et les failles auxquels notre pauvre nature humaine se voit sans cesse confrontée. Il reste que c'est à cette dimension indivise que nous aspirons tous.

Dans notre pays, un problème revient sans cesse : nos divisions procèdent de la langue pour s'étendre à la culture, pour se compromettre dans l'identité et infléchir notre conception du territoire. L'unité du pays en est sans cesse ébranlée et mise à dure épreuve. Cette situation a engendré un état de négociation perpétuel. Même au sein des diverses francophonies constituantes de la diaspora francophone canadienne, il s'établit des distinctions qui souvent nous semblent irréconciliables.

L'Acadie s'est ainsi distinguée pour devenir avec le Québec une communauté à part. Il reste que nous vivons vis-à-vis du Québec une situation qui nous semble commune. Je me suis d'ailleurs souvent demandé si notre unité ne tenait pas au fait que nous avons en commun cette tension, et quel serait notre rapport si nous avions un lien plus détendu et cordial avec le Québec.

V comme Vision

Nous vivons tous sur la terre sacrée des peuples des Premières Nations, qui nous ont accueillis il y a quelques centaines d'années et à qui nous avons apporté nos conflits, nos tensions et imposé notre histoire. Nous avons recréé ici notre mode de vie européen, tout en empruntant des stratégies de survie aux Autochtones. Plus tard, nous avons appris à composer avec l'élément anglophone avec qui nous entretenons des rapports d'ordres divers, dont la langue est sans doute l'élément caractéristique par excellence, car il devient indicateur de la culture et du rapport de force qui s'ensuit.

Il est évident que, sous ce rapport et vivant à côté de l'une des cultures les plus accaparantes et les plus séduisantes de l'histoire, nous ne pouvons faire autrement que d'en subir les contrecoups, les soubresauts et les influences. Les emprunts à l'anglais sont nombreux et ils sont plus pernicieux quand ils sont de l'ordre de la syntaxe plutôt que du vocabulaire. Ainsi, il est plus dommageable de dire « Pourquoi c'est que tu fais ça pour » que d'employer le « shopping », que les Français préfèrent à magasinage.

Le problème avec les anglicismes, c'est qu'ils sont indétectables la plupart du temps, même s'il existe des dictionnaires qui les répertorient et que l'on peut consulter pour savoir que « comical » et « départure » ne sont pas des mots français. Heureusement qu'il y a des mots sur lesquels nous pouvons tous être d'accord. Vision est l'un de ceux-là, de même que passion, direction, conciliation, innovation et toute une pléiade de mots en « -ion ». Je me demande pourquoi ceux-là.

W COMME WOOFER

Le français emprunte constamment quantité de mots à la langue anglaise. Le fait serait justifiable s'il n'y avait pas déjà stationnement pour parking, ou magasiner au lieu de shopping, mais ces mots proviendraient des provinces et sans doute sont-ils de ce fait associés à un passé plutôt ringard auquel il vaut mieux préférer un avenir plus « fashionable ». Il est de loin préférable d'être débriefé ou de s'acheter un woofer, prononcé woofère. Cela fait plus moderne. Tous ces emprunts sont sanctionnés et « dictionnairisés », comme il se doit, et l'on nous assure qu'il n'y a ici aucun danger car les effets de ces emprunts n'attaquent pas la structure syntaxique de la langue. Ce n'est pas le cas si vous dites en chiac : « J'avions just mes thin hards on pis j'avions pogné une chill sur la bus. » La loi du nombre prévaut toujours, et les choses sont faites pour la majorité.

Le dictionnaire *Hachette*, dans son édition de 1988, avait créé une section à part pour les mots en provenance du Canada. Dans ce ghetto linguistique, on trouvait des mots aussi familiers que débarrer, polyvalent, téléroman, souffleuse et fun, ce qui prouve sans aucun doute que c'est donc le fun d'être francophone.

X COMME X

Le *X* sert à oblitérer, à montrer l'erreur, comme au temps où nous étions à l'école et qu'on nous signalait ainsi nos fautes, chaque correction étant à recopier dix fois. C'est sans doute pour cette raison que j'ai appris à écrire en lisant, car la grammaire et l'orthographe me sont toujours apparues comme des sciences dont l'exactitude me révoltait. Je crois toujours que la lecture est la seule école d'écriture pour ceux qui veulent devenir écrivain ou qui doivent avoir recours à cette discipline pour élaborer leur pensée.

L'apprentissage du français n'est pas évident, surtout quand on sait que la rectitude de cette langue peut facilement devenir une obsession, un peu comme ce personnage qui, dans *French Town*, une pièce de Michel Ouellette, récite des conjugaisons de verbes pour ne pas perdre le contact avec la rectitude. Dans une autre optique, j'ai souvent remarqué notre propension à corriger ou, pire, à ridiculiser ceux qui ne maîtrisent pas bien ce qu'il est convenu d'appeler le « français standard », le chiac ayant souvent fait les frais de cette attitude.

Une telle réaction fait primer, c'est certain, le sens sur la forme et non sur le contenu de l'élocution. Par exemple, ne vous avisez jamais dans un groupe en France ou même au Québec de dire « châssis » avec votre accent exotique pour désigner une fenêtre ; vous deviendriez alors une curiosité que l'on voudra explorer.

Y comme Yourcenar

Marguerite Yourcenar, dont le vrai nom est Marguerite de Crayencour, a vécu aux États-Unis une grande partie de sa vie et a produit une œuvre magistrale qui lui a ouvert les portes de la toute-puissante et toute-masculine Académie française.

Son œuvre a trouvé sa maturité dans l'exil et cette distance, loin des chapelles et des cafés de Saint-Germain-des-Prés, lui aura sans doute permis de considérer l'humanité dans son ensemble et de donner cours à une générosité qui dépasse les jeux de forme et les idéologies à la mode.

Alors qu'elle vivait dans l'État du Maine, à quelques centaines de kilomètres du territoire acadien, je me suis souvent demandé comment elle avait pu conserver des liens aussi conséquents avec le territoire et les institutions qui régissent notre langue, alors que nous ne pouvons que mettre de l'avant notre différence, quand ce n'est pas notre exotisme.

Peut-être que cette contribution s'est faite en s'excluant du centre de cette langue, ce que nous n'avons que rarement pu faire, l'œuvre d'Antonine Maillet étant sans doute, à ce titre, l'exemple qui nous vient le plus rapidement à l'esprit et encore faut-il dire que ce mouvement s'est fait à partir du Québec.

Pour conclure, peut-être devrions-nous renoncer aux complexités d'existence de notre langue pour la voir de l'exil, de l'extérieur, de l'excentricité, un peu, presque, comme une langue étrangère.

Z comme Zen

J'ai commencé à écrire ce texte par la fin, par la dernière lettre de l'alphabet.

Cette conférence a pour titre « Zen et l'art d'être francophone ». Le zen est une philosophie orientale d'origine japonaise selon laquelle toute vie est souffrance, une souffrance dont l'origine serait causée par le désir. Le bonheur devient possible en éliminant le désir.

Être francophone a toujours été lié à une forme ou une autre de tension. D'abord celle de la survie, résultat d'une situation complexe que nous vivons encore au plan national et qui consiste à exercer une vigilance constante, puisque les choses ne vont pas tel que prévu, qu'il existe un complot qui ne nous mène pas dans la direction désirée.

Il en résulte une forme de traumatisme dont l'origine est sûrement coloniale. Dans nos livres d'histoire, la France nous était toujours présentée comme la mère patrie et nous, dans les premières années de notre existence, comme une sorte d'État-providence, à la fois dépendant et approvisionneur de la « mère patrie ». Quelqu'un a déjà fait le rapprochement entre notre situation et celle des enfants abandonnés par leur mère.

Le zen dit que la route est immobile mais mène partout. Il y a beaucoup à apprendre d'une telle conception, prise au sens d'une « joie de vivre » dont nous provenons vis-à-vis de l'anxiété à laquelle nous essayons de nous adapter. Nous avons tout à gagner à ignorer les échecs et à construire sur nos victoires. Après tout, le verre est toujours à moitié vide ou à moitié plein, une autre notion zen dont nous sommes les seuls à détenir la réponse. Comme le dit le poète Raymond Guy LeBlanc, « Nous sommes les seuls à vivre notre avenir », cette notion de l'avenir qui souvent nous apparaît comme naïve, quand elle n'est pas obscène.

Pour terminer sur une note optimiste, j'ai toujours cru qu'au lieu de mettre de l'avant la notion de combat, notre énergie serait plus efficacement utilisée si nous la placions dans la joie profonde que nous éprouvons lorsque nous nous abandonnons au plaisir d'être francophone. En d'autres mots, d'aller avec le courant, de suivre la route, avec notre sens de l'humanité pour que notre raison de vivre se place ailleurs que dans cet éternel combat. Comme l'avait dit l'écrivain québécois Réjean Ducharme : « On ne peut pas expliquer aux moineaux qu'il faut payer parce qu'ils ne comprennent pas ce que cela veut dire. »

Abécédaire « Au-delà de l'accent »

Coup de cœur francophone, trentième anniversaire, Montréal, 8 novembre 2016

Présentation

Je voudrais remercier Alain Chartrand et les responsables de *Coup de cœur francophone* pour cette invitation à vous parler d'un sujet, la chanson francophone, dont je suis un grand consommateur mais un moindre producteur, si ce n'est que j'ai écrit quelques textes de chansons et que j'ai participé, il y a vingt ans, en 1996, à *Coup de cœur francophone*, non pas en tant que chanteur mais en tant que poète accompagné par un musicien membre du défunt groupe Zéro Degré Celsius.

« Au-delà de l'accent », c'est le titre de cette conférence et, comme le sujet est vaste, j'ai décidé d'en faire un abécédaire, donc vingt-six lettres, vingt-six mots, vingt-six idées, vingt-six courts textes – un peu comme des textes de chanson – et de vous proposer un discours plutôt éclaté et que je voudrais le moins ennuyant possible.

A COMME ACCENT

Le compositeur-interprète belge Julos Beaucarne a dit quelque part que « L'accent, c'est tout un pays qui sort d'une bouche ». Ainsi, un accent québécois ou belge ou acadien nous ramène à son lieu d'origine et renforce l'image, le charme ou les préjugés que l'on entretient vis-à-vis de cet espace. L'accent peut aussi donner lieu à un rapport de force, en ce sens que l'on voudra se l'approprier, en faire une imitation, alors que tous les accents sont inimitables. Mais toute imitation suggère un positionnement, qui laisse entrevoir une sorte d'échelle des accents. C'est sûrement pour cela qu'il est toujours étrange de se faire dire qu'on a un accent, alors que tout le monde en a un.

B COMME BILINGUE

Nous vivons en Amérique du Nord, à proximité d'une des cultures les plus grégaires et les plus séduisantes de l'histoire de l'humanité : la culture américaine. Cela ne peut faire autrement que de nous confronter à des choix difficiles, surtout lorsque nous sommes à l'aise dans les deux langues. Mais, comme le dit l'écrivain Dany Laferrière, la langue française est sans doute le principal élément qui nous rattache à la Francophonie, notre mode de vie étant américain. Le dilemme reste donc de concilier ces deux cultures dans un heureux mélange.

C COMME CHANSON, QUOI D'AUTRE

Ce n'est pas à vous que j'apprendrai que la chanson est l'une des formes d'art les plus populaires et les plus durables qui soit. Au cours des ans, elle s'est transformée pour devenir un art hautement spécialisé même si, comme l'affirmait le père Anselme Chiasson, célèbre folkloriste acadien, une chanson devait d'abord être orale, offerte comme un cadeau, une chose qu'on peut s'approprier, fredonner et transmettre. La chanson manifeste toujours sa volonté de communiquer à grande échelle, car dans son alliance avec la musique, elle abolit les frontières linguistiques qui nous séparent.

D COMME DROITS D'AUTEUR

Je l'ai eu « pour une chanson », c'est-à-dire « pour presque rien ». Cela me fait penser à ce qui se produit présentement au niveau de la diffusion de cette forme d'art. En tant que consommateurs et producteurs, nous devrions être concernés par la situation de la chanson, dont les conditions d'avenir restent à définir. Ce problème, désormais mondial, risque de précariser davantage des carrières et des entreprises déjà fragiles comme il en existe beaucoup dans nos univers francophones. Écrire des chansons, ce n'est pas un passe-temps, c'est un travail, un art, pour certains une vocation dont nous devrions tous être responsables.

E COMME ÉPOPÉE

Épopée, c'est le titre d'un film que j'ai réalisé en 1996 et qu'on pourra bientôt visionner en ligne sur le portail de l'Office national du film du Canada. L'idée du film, c'est de montrer que la musique, et en particulier la chanson, constitue une défense, un peu comme ces épopées que l'on chantait autrefois afin de se motiver au combat. Je crois toujours à cette idée, même si maintenant je dirais que le combat doit se tourner vers l'avenir et non pas s'entêter dans l'attitude revancharde de refaire le passé.

F COMME FRANCOPHONIES

Je suis d'accord avec le chanteur d'origine algérienne Mehdi Cayenne quand il dit qu'il habite une pluralité de francophonies. Le danger vient toujours de l'unicité, de la pureté ou de la conformité. Il serait malheureux pour la Francophonie de se priver de ses si nombreuses voix et de tomber dans le piège de la centralisation, de la norme et de la standardisation. Nous avons tout à gagner en unissant nos efforts afin d'être entendus le plus loin possible. En ce sens, je voudrais souligner le travail admirable de *Coup de cœur francophone*, qui fête cette année ses trente ans d'existence, une institution dont la longévité et la pertinence ont fait leurs preuves, qui a favorisé une mise en commun de nos énergies et nous a permis de témoigner côte à côte de notre francophonie, cette dimension qui, plus que tout autre, nous définit et nous rassemble dans une même culture.

G COMME GUITARE

Il semble que la guitare soit devenue l'instrument de prédilection d'une certaine forme de musique, mais il existe, dans la Francophonie, bien d'autres sons qui, un peu à l'image de l'accent dont on parlait tantôt, sont aussi liés à des espaces, à d'autres géographies. Le mélange des instruments crée une sorte de chant de la Terre à l'accent humaniste, qui ouvre sur des réalités autres que celles de la combinaison guitares-batterie à laquelle nous sommes ici habitués. Faut-il délaisser la guitare ? Question troublante à un moment de l'histoire où la musique devient de plus en plus diversifiée, hybride et éclatée, accessible comme jamais auparavant.

H comme Histoire

Le compositeur-interprète Richard Séguin est d'avis que « la chanson est la plus fidèle des compagnes de notre histoire personnelle et collective. Elle est là, tantôt dans les rues, dans les villages, au fond des bois ou au sommet d'une montagne. C'est dans notre souffle qu'elle vit, dans la joie, dans nos peines et dans nos gestes de partage. » Dans les pays en voie d'affirmation, de libération ou de constitution, la chanson est un art qui accompagne l'histoire. Sans être nécessairement de nature politique, les chansons racontent l'histoire en parallèle, permettant ainsi de faire entendre une autre version des événements qui ont marqué notre parcours francophone.

I comme Identité

Je reviens de nouveau à cette entrevue du chanteur Mehdi Cayenne, dans laquelle il déclare qu' « une identité culturelle s'affirme quand elle est en relation avec d'autres ». Le danger avec toute identité, c'est effectivement de la concevoir comme réductrice, exclusive et forcément intolérante. Personne ne détient le monopole du talent, de la musique ou des paroles, et l'avenir ne peut exister que dans une volonté d'échange, de curiosité qui nous porte vers l'autre. Notre langue, qui fait de nous des francophones, est aussi une langue de communication mondiale, en voie de devenir l'une des grandes plateformes d'échange artistique et de circulation d'idées. Nul doute que la chanson est appelée à devenir l'une des composantes majeures de cet avenir prometteur.

J COMME JEUNE

Il paraît que la plupart des gens écoutent vraiment de la musique entre quinze et trente-cinq ans et ensuite, qu'on s'y intéresse de manière épisodique ou en retournant avec nostalgie à cette période « tribale » de notre vie, au cours de laquelle nous nous distinguons et nous rassemblons pour toujours. La jeunesse serait-elle irrémédiablement liée à la musique et ceux qui l'écoutent durant toute leur vie demeurent-ils jeunes à tout jamais ?

K COMME KILOHERTZ

Comme le chante Sylvain Lelièvre dans « Lettre de Toronto » : « Si tu voyais le stock qu'on déménage. Juste pour te dire, ça nous prend deux camions. » Ce qui veut dire que ça doit « en pomper du son ». Quelqu'un a déjà dit : « Quand on n'a rien à dire, on monte le volume. » Non pas que je boude les camions de son, mais parfois avoir quelque chose à dire peut amener le public à nous écouter. Dans plusieurs endroits de la Francophonie, les modestes moyens dont nous disposons font en sorte que la chanson circule souvent grâce à la force de notre voix plutôt qu'à la quantité de kilohertz, qui nivelle tout sur son passage.

L COMME LOUISIANE

Le chanteur Zachary Richard m'a parlé de ces jeunes chanteurs louisianais qui interprètent phonétiquement des chansons en français, c'est-à-dire sans comprendre le sens des paroles. La Louisiane est un des fronts chauds de la Francophonie et son combat se traduit dans une volonté de continuer d'émettre une vibration francophone. En Amérique, parfois, j'ai l'impression que nous sommes tous au front d'un combat qui nous interpelle constamment. Libre à nous de l'ignorer ou de l'entendre, mais il est toujours là, dans le bruit ambiant qui entoure notre francophonie.

M comme Mineur

On se souviendra de la célèbre boutade de Gainsbourg, à l'effet que la chanson serait un art mineur. Mineur peut-être, mais majeur aussi puisque la chanson bénéficie désormais de moyens lui permettant d'envahir le monde entier en un temps record. Nous, comme francophones, avons tout à gagner à utiliser cet art pour promouvoir notre culture au-delà de la collectivité dont elle émerge. Art mineur par rapport à quoi ? Cela reste à voir, mais assurément art majeur par sa propension à émouvoir et à rassembler ceux et celles qui lui tendent l'oreille.

N comme Nationale

Il existe deux voix de la culture française : celle de ceux qui parlent français, les francophones, et l'autre, de ceux qui viennent de France, les Français. Cette division semble s'estomper dans la chanson, si on la compare à la littérature, par exemple, où la différence est nettement plus marquée. Nous partageons une même langue et, pour plusieurs, de l'extérieur comme de l'intérieur, cette distinction n'a pas lieu d'être, en ce sens que chaque nation s'approprie un morceau de la Francophonie pour la transformer et la partager à son tour, indépendamment des lieux dont elle provient.

O comme Ondes

Il est plus facile qu'autrefois d'avoir accès à des plateformes de diffusion. Mais leur multiplication a fait en sorte que l'offre est désormais si grande qu'il est difficile de s'y retrouver. Les chaînes spécialisées telles que Espace musique ou Sirius XM, par exemple, demeurent des lieux privilégiés pour découvrir et apprécier la production courante en chanson francophone. Mais je souhaite qu'un jour, il y ait aussi une chaîne où, d'heure en heure, la Francophonie en provenance de ses différents lieux d'origine pourrait se relayer, et ainsi nous donner un aperçu global de cette chanson qui nous rejoint tous dans une langue commune.

P COMME PAROLE

Les mots, en attendant d'être transformés en paroles, ne sont que des mots. Pour quelqu'un qui ne parle pas notre langue, ces mots s'évanouissent dans la musique, la musique du français, une langue mélodieuse mais dont les limites sont particulièrement apparentes quand vient le temps de créer des paroles sur des mélodies plus rythmées : il lui manque de ces petits mots d'une syllabe que l'on trouve en anglais, très pratiques quand il s'agit d'accrocher une seule note de musique.

Q COMME QUÉBEC

Nous nous trouvons à Montréal, dans la métropole de l'Amérique française, à mi-chemin, pour ainsi dire, entre la France et l'Acadie. Cette image peut sembler paradoxale, mais pour nous le Québec occupe sans doute la même position vis-à-vis de l'Acadie que celle dans laquelle il se retrouve vis-à-vis de la France. D'où l'importance de développer de véritables échanges fondés sur la valeur, et non sur les préjugés que l'on entretient. En ce sens, *Coup de cœur francophone* présente une vitrine conviviale et authentique, en intégrant la chanson franco-canadienne à un événement où les contrastes entre les régions et les rapprochements qui en résultent constituent un tableau réjouissant de notre contribution à la chanson francophone.

R COMME RENCONTRE

Je reviens une dernière fois sur cette entrevue de Mehdi Cayenne, au cours de laquelle il déclare que « c'est l'imprévu qui est amusant. Il faut donc développer une curiosité qui augmentera notre quotient de tolérance. » Une chanson, c'est un poème en voyage, qu'on peut prendre avec soi, qui envahit notre mémoire et qui, parfois, comme une idée, peut nous ouvrir de nouveaux horizons. Une chanson, en principe, ça n'a pas d'autre poids que d'être une vibration. C'est léger comme tout, c'est accessible, ça fait notre journée et ça nous parle de tous ces mondes à rencontrer.

S COMME STUDIO

Stéphane Venne, à qui l'on doit de grandes chansons, disait en entrevue que le studio, comme un jouet inspirant, est sans doute l'élément qui a le plus transformé notre manière de produire, qui se faisait autrefois sur un mode beaucoup plus artisanal. Dans la Francophonie, nous savons tous que ces jouets ne sont pas accessibles également à tout le monde. Et pourtant, parfois, arrive un ovni comme Richard Desjardins, qui, en une seule session ou presque, financé par la communauté, produit un disque sans artifice qui nous fait entendre une poésie qu'on croyait avoir perdue.

T COMME TOURNÉE

Devant la diminution des ventes de disques ou des revenus du streaming, certains saluent le fait que la tournée sera bientôt l'une des entreprises majeures de la chanson. Encore faut-il faire sortir le public. En tant que francophones, comment arriverons-nous à tirer notre épingle du jeu ? Il faut souhaiter qu'il se développe un engouement sans précédent et inespéré pour cette forme d'art, la chanson étant un art populaire qui a besoin d'un public pour exister. Sinon, à quoi ça nous servirait de chanter, comme des schizophrènes, devant des sièges vides ?

U COMME UNIVERSEL

Quand on y pense, il y a peu de chansons françaises qui se sont intégrées à ce qu'il est convenu d'appeler le « mainstream ». D'où la tentation de passer de l'autre côté et de faire carrière en anglais. En Acadie, francophonie frontalière, je remarque que la tentation est grande. Les rêves d'une carrière planétaire sont toujours démesurés, au sens où il est rare que cela se réalise. Il ne faudrait toutefois pas oublier que l'univers francophone est un lieu de grande promesse dont nous commençons à peine à saisir le potentiel.

V pour Voice

Les médias font et défont les carrières, parfois de manière imprévue et déraisonnable. Autrefois, il y avait des concours d'amateurs où l'on gagnait cinquante dollars; de nos jours, il y a des concours d'amateurs où l'on gagne une carrière. La plupart du temps, ce sont de jeunes interprètes qui chantent, souvent en langue étrangère, des chansons connues. Les temps changent. Parfois, je me demande où sont les émissions où des interprètes connus chanteraient des chansons de jeunes inconnus, donnant ainsi à ces jeunes carrières un élan définitif.

W pour Web

Le Web a tout transformé. La chanson n'y a pas échappé.

Il est évident que la distance qui nous sépare en tant que membre d'une très grande famille linguistique se voit abolie par cet outil qui nous rapproche mais qu'il est dangereux de voir comme une fin en soi. Le Web met une partie du monde à notre portée, mais la chanson se manifeste sous bien d'autres aspects, dont le concert qui demeure l'un des événements majeurs de la prise de parole francophone.

X pour Xénophobie

La musique et les paroles qui l'accompagnent sont des éléments anti-xénophobiques, car la musique fait appel à l'âme et les paroles à la poésie. En ce sens, il n'y a pas meilleure ambassadrice que la chanson pour nous donner à entendre les autres francophonies sur des fréquences qui réveillent en nous le désir de mieux les connaître, et même de nous déplacer pour voir et apprécier d'où proviennent cette musique et ces paroles étrangères.

Y COMME YÉYÉ

Ceux qui ont vécu les années soixante se souviendront de ce mot, désignant des chansons, généralement des succès en anglais, traduits en français. Parallèlement, il y avait Brassens, Brel, Ferré ou, ici, Vigneault, Ferland ou Léveillé. Depuis, le monde s'est scindé, entre l'univers anglophone créant chez les jeunes une dépendance envers ces modes venues d'ailleurs, et chansons francophones souvent créées modestement, et dont plusieurs sont des jalons incontournables de notre culture.

Z COMME ZEITGEIST

Zeitgeist est un mot allemand qui signifie l'air du temps, allusion à l'air qu'on respire mais aussi à un air de musique. La chanson a cette habileté, de nous ramener dans des lieux, des moments ou des ambiances qui nous font revivre des souvenirs. À ce sujet, permettez-moi de conclure ici en citant un extrait de ce que je considère comme l'une des plus grandes chansons françaises jamais écrites – choix contestable, chacun ayant les siennes –, mais dont le titre s'accorde bien avec la saison : « C'est une chanson qui nous ressemble, toi qui m'aimais, moi qui t'aimais. »

Vous aurez reconnu « Les feuilles mortes » de Jacques Prévert et Joseph Kozma, créée en 1945 et dont il y a, à ce jour, pas moins de six cents interprétations, le rêve de tout diffuseur.

Et c'est sur cet air de chanson que je vous remercie de votre généreuse écoute.

Abécédaire « Bilan »
– spécial treize à la douzaine –

Grand-Barachois, Nouveau-Brunswick, octobre 2016

A COMME ABÉCÉDAIRE

Les lettres m'ont toujours fasciné, en ce sens que ce sont des symboles abstraits qui ont évolué à partir d'images, mais qui, contrairement à d'autres systèmes fondés sur des idéogrammes et donc plus près de la dimension représentative, ont favorisé une plus grande circulation de la pensée en raison de leur abstraction. Mais il n'y a que vingt-six lettres, et on pourrait même en éliminer quelques-unes. Contrairement à la calligraphie chinoise, par exemple, qui peut recourir à quelque six cents idéogrammes pour produire des œuvres d'une grande élégance, nous sommes réduits à un bagage qui ne nous permet pas ce genre d'exercice sauf par le biais de la typographie, qui se concentre sur l'ensemble de l'alphabet et rarement sur une seule lettre. Les abécédaires ont voulu remédier à cette lacune et ma formation en arts visuels trouve dans cet exercice un complément à la dimension littéraire, qui m'interpelle également.

B comme Bilan

J'ai dû écrire une trentaine d'alphabets. Souvent, les thèmes se recoupent et, souvent, j'ai eu recours à une approche du copier-coller, ce qui ressemble un peu à la fonction même des lettres, elles aussi interchangeables dans leur besoin de permuter en vue de produire de nouveaux mots, des états d'âme ou des bribes d'information avec lesquels nous pouvons communiquer. Ces alphabets sont aussi le produit de transcriptions de discours livrés devant divers auditoires et qui n'étaient pas du tout destinés à la publication, d'où leur aspect parfois baroque et insolite. Plusieurs ont été écrits en anglais et se traduisent donc très mal, le même mot dans une langue ne signifiant pas nécessairement la même chose dans l'autre langue, et alors comment respecter la contrainte initiale, établir le lien entre le choix des mots-lettres et le texte. C'est la raison pour laquelle nous avons gardé ces entrées dans leur langue de conception. Trente alphabets plus tard, je me rends compte que cette démarche s'inscrit dans le tournant que j'ai pris récemment dans d'autres formes d'art et d'écriture, alors que les contraintes se font de plus en plus présentes et diversifiées. Les abécédaires représentent un peu la dimension orale de cette approche, en ce sens qu'ils obéissent à une volonté de conserver l'essentiel et de produire des moments qui ressemblent à de mini-essais.

C comme Création

Le fait d'avoir recours à la forme de l'abécédaire peut parfois être astreignant car il s'agit de trouver des mots porteurs de sens et pertinents en lien avec le sujet traité. Si l'on exclut certaines lettres qui posent toujours problème, telles le K ou les lettres de la fin que sont le W, X, Y, Z, peu présentes dans le dictionnaire, il reste que cet exercice peut devenir laborieux et obsédant. Certains sujets, cela va de soi, s'y prêtent mieux que d'autres, alors que certains constituent parfois des exercices de virtuosité comme peut souvent le devenir toute contrainte. À chaque fois, je me dis que ce sera le dernier, que je devrais changer, revenir à une forme plus conventionnelle, mais chaque fois, je me laisse prendre au jeu car il y a quelque chose de stimulant dans le fait qu'une telle approche m'amène toujours dans des dimensions auxquelles je n'avais pas pensé. En ce sens, ce type d'écriture représente une exploration et une volonté de percevoir autrement, ce qui, à mon avis, est le propre de toute œuvre d'art véritable. Peut-être pour le défi, pour le plaisir d'appliquer une contrainte qui ressemble beaucoup aux enjeux qu'on trouve dans le sport, cette forme de discours donne lieu à une création dont le résultat s'incarne à de nombreux niveaux et véhicule, de ce fait, de nombreux points de vue.

D COMME DISCOURS

Discourir, c'est générer des idées. En Acadie, le phénomène est assez nouveau et les Acadiens, qui ont développé une sorte de complaisance en se disant que leur culture était fixe et immuable dans le passé, ne sont pas très à l'aise avec le fait de débattre des idées sur la place publique. Quand on parle d'art acadien, par exemple, on se concentre souvent sur la manière, sur l'accent, sur l'exotisme mais rarement sur le propos. Faire œuvre d'essayiste devient alors un travail périlleux, car celui qui prend la parole exerce une sorte d'autolégitimité et doit faire face à ceux qui se demandent de quel droit il peut s'arroger une telle prétention. Mettre des idées en circulation devient donc un travail tant nécessaire que salutaire, au sens où il incarne une volonté, un désir de participer au discours collectif et où les idées proposées, dépendant de leur pertinence, peuvent nous porter très loin. Une partie de mon travail a consisté à produire du discours. Les abécédaires s'inscrivent dans cette démarche, offrant des échantillons de réflexion qui gagneraient à s'étendre sur une plus longue durée, mais cet échantillonnage permet aussi de mesurer à quel point ce travail est nécessaire. En tant qu'intellectuels, nous avons un devoir de vigilance, une responsabilité de produire du discours, car la force d'une idée bien réfléchie et bien articulée dépasse largement tout ce qu'on peut mettre pour lui faire obstacle.

E comme Évanescence

« Les paroles s'envolent mais les écrits restent », proverbe connu et qui prend aujourd'hui tout son sens alors qu'il y a tellement de paroles qui s'envolent. C'est là toute la problématique de la légèreté évanescente de l'oralité, du souffle qui en porte les mots, contrairement à la densité du lieu dans lequel on s'est donné comme projet de rester et de prendre racine. Il va sans dire que les écrits sont encombrants, même avec la légèreté de l'informatique, qui permet de stocker des quantités invraisemblables de documents dans un espace de plus en plus restreint. Le poids de la culture. Désormais, nous avons accès à une quantité exponentielle de savoir au moment même où nous cherchons une impossible synthèse. Ces abécédaires sont un peu des tentatives de synthèse dont la pertinence va du trivial à la vérité oubliée. Ces exercices ont cependant besoin d'un public, qui leur donne leur première raison d'être. Dans le cas de ce livre, on peut dire que l'écrit précède la parole qui, elle, s'est envolée avant de revenir ici à l'écrit entre les pages de ce livre. Il se dit beaucoup de choses et il s'en perd encore plus. Récemment, je me suis fait la réflexion que tout ce que nous avons généré en ayant recours à l'informatique finira par disparaître, s'est d'ailleurs déjà en grande partie perdu. Ce livre durera sans doute plus longtemps que les pixels de l'écran ou le logiciel dont je me suis servi pour l'écrire.

F COMME FRAGMENT

Lors de mon séjour à Paris, de 1974 à 1977, je me suis beaucoup intéressé à l'œuvre de Roland Barthes, dont j'ai alors lu presque tous les livres. Dans sa production, l'ouvrage qui m'a le plus impressionné et, par conséquent, le plus influencé, a pour titre *Barthes par Barthes*, publié dans la série « Les grands écrivains par eux-mêmes ». Il s'agit en fait d'une sorte de canular puisque, en étant publié dans cette série, Barthes prenait place parmi des auteurs aussi célèbres que Racine ou Gide. La série met de l'avant une approche fragmentée, ayant recours à de brefs résumés qui s'inspirent des diverses facettes d'une œuvre. La différence, c'est qu'ici Barthes écrivait sur lui-même au lieu de donner à quelqu'un d'autre la tâche de résumer son travail. Il y produit quantité de fragments dont la diversité et l'approche constituent une manière brillante d'aborder le thème de la biographie et de l'autocritique. Cette approche, il la reprendra dans d'autres livres, entre autres dans *Fragments d'un discours amoureux*, sans doute le plus populaire de ses ouvrages. Il accompagne le texte d'une série de photos, qu'il commente aussi de manière brillante. Sur l'une de ces images, où on le voit en train de s'ennuyer, la légende indique : « L'ennui serait-il mon hystérie », ce qui explique sans doute mon intérêt pour cet auteur, l'ennui ayant toujours été mon obsession. Je déteste m'ennuyer et encore plus ennuyer les autres, ce qui explique peut-être ces courts textes axés sur la variété et l'imprévu.

G comme Gazouillis

Les nouvelles nous arrivent de manière de plus en plus comprimée. Donald Trump en a fait sa marque de commerce, en ayant recours au dispositif du gazouillis pour réagir immédiatement à des propos, et ses réponses gagneraient sûrement à être nuancées. Mais Trump ne fait pas dans la nuance. Les gazouillis ou « tweets », terme tout aussi insolite dans les deux langues, nous disent que l'on peut désormais se passer de bien des mots pour dire dans l'urgence ce qui nous habite. En 2014, j'ai ouvert un compte Twitter dans lequel j'ai publié tous les jours un haïku, court poème de trois lignes de cinq, sept et cinq syllabes. Les haïkus, d'origine japonaise, ont évolué vers une forme plus souple et les contraintes originelles y sont rarement respectées. Mon amie Jo-Anne Elder, l'une des meilleures traductrices au pays, s'est dit qu'elle pourrait accompagner cet exercice en traduisant les poèmes au fur et à mesure de leur publication et en respectant elle aussi, en anglais, la forme cinq, sept et cinq, rajoutant ainsi une contrainte dont elle s'est très bien accommodée. Dans l'introduction à mon compte, je disais que le haïku est sans doute la seule forme littéraire qui survivra à Twitter. Prochaine étape : la réduction de la communication à un seul mot, en espérant que la télépathie fasse d'énormes progrès, nous dispensant de ces méthodes primitives que sont l'écriture et la lecture. Consolons-nous, ce n'est pas pour demain.

H comme Herménégilde

Récemment – j'écris ceci en 2016 – Ginette Pellerin a réalisé un film sur mon travail (*De contraintes en ruptures*) en ayant recours à des contraintes autres que celles normalement associées à la littérature et qui gravitent autour des lettres de mon nom, reprenant un peu le concept d'*Autoportrait*, publié en 2014 aux Éditions Prise de parole – douze livres publiés au rythme d'un par mois et dont chaque titre commençait par l'une des lettres de mon prénom. Dans le film, il s'agissait de traduire en images et en mouvement des activités qui ont marqué une grande partie de mon travail artistique. J'ai aussi utilisé des contraintes dans certaines des pièces que j'ai écrites, dont *La vie est un rêve*, qui prend comme point de départ les chiffres et les stations du chemin de croix, une structure héritée de mon enfance catholique. Dans ma pratique en arts visuels, les contraintes abondent et je viens de ce domaine-là beaucoup plus que des autres, qui me semblent souvent des activités parallèles ou épisodiques. Je me suis donc questionné sur les raisons d'un tel parti pris, d'autant plus qu'en littérature acadienne, cette propension a trouvé son expression dans des œuvres aussi magistrales que celles de France Daigle ou Serge Patrice Thibodeau. Pénélope Cormier, dans une thèse de doctorat consacrée au sujet, est d'avis qu'il s'agit d'une recherche esthétique qui, dans les petites littératures, prend le relais de l'affirmation politique. Ce qui, en ce qui me concerne, a énormément de sens.

I COMME INFORMATIQUE

L'informatique nous a habitués à de nouvelles contraintes. Depuis des années, j'écris dans un logiciel de mise en pages, ce qui me permet de voir le livre à mesure qu'il se construit. La tentation est grande d'utiliser les nombreuses possibilités de ce logiciel pour créer des expériences de lecture qui autrefois auraient nécessité énormément de finesse et d'inventivité. Je pense par exemple aux calligrammes d'Apollinaire, lui qui disposait les mots de certains de ses poèmes de manière à créer des images. Souvent, dans mes textes, tels que ceux publiés dans *Parcours* aux Éditions d'Acadie ou plus encore dans *Répertoire* aux Écrits des Forges/ Le dé bleu, je me suis appliqué à aligner les vers des poèmes pour les faire entrer dans des figures géométriques rectilignes. C'est un exercice fastidieux, ce qu'aggrave le fait de devoir maintenir trois aspects, soit le sens, le rythme et la forme. Ce sont là de nouvelles contraintes, issues d'un développement technologique, mais les contraintes ont toujours existé. Une contrainte telle que l'alexandrin en poésie a tenu la route longtemps avant d'être remplacée par le vers libre. Pour ce qui est de mes abécédaires, leur longueur a souvent été réglée sur le temps et la plupart d'entre eux sont calibrés sur le débit de ma voix et la quantité de mots qu'il me faut pour les livrer, information que je peux également obtenir sans quitter les rives de mon ordinateur.

J COMME JUXTAPOSITION

Marshall McLuhan disait que l'effet mosaïque des journaux constituait une expérience nouvelle de lecture, et que c'est « l'étalage collectif quotidien de plusieurs articles juxtaposés qui donne à la presse sa dimension complexe d'intérêt ». Les contrastes qui émergent d'un fragment à l'autre des abécédaires créent sensiblement le même effet. En passant de l'insignifiant à l'existentiel, et de l'information à la réflexion, il y a un décalage dans la qualité, la livraison et l'effet produit qui engendre une sorte de phénoménologie, une fragmentation du regard. Bien sûr, ce regard est le mien et je l'assume, mais il reste qu'il s'agit d'une manière expéditive et éclectique de percevoir. Normalement, dans un essai ou un discours de nature conventionnelle, il y a entre les sujets abordés un moment de présentation et un moment d'amortissement une fois le point de vue évoqué, moment destiné à préparer le passage vers un nouveau point de vue. Dans un exercice comme celui des abécédaires, il y a une recherche de rupture parfois brutale, présentée par un seul mot, qui fait l'effet de ces cartons qu'on introduisait dans la trame narrative au temps du cinéma muet. Ces juxtapositions parfois brutales nous sont familières : quiconque a regardé un bulletin de nouvelles à la télévision est très conscient de cette manière expéditive et souvent imprévue de livrer de petites narrations juxtaposées sans introduction et sans conclusion véritables.

K COMME KODAK

Dans tous les abécédaires, la lettre K constitue un moment de suspense et de curiosité. En effet, les mots en K sont souvent des emprunts à des langues étrangères, ce qui fait de cette section du dictionnaire un véritable carrefour international. De plus, ces mots ont une sonorité qui échappe dans bien des cas au français qui, comme la plupart des langues romanes, préfère la mélodie au rythme. L'anglais en ce sens est beaucoup mieux servi, ce qui a fait dire à certains que le « rock and roll » n'aurait pas pu naître ailleurs que dans cette langue. Pour une raison que j'ai de la difficulté à m'expliquer, cette lettre me ramène à l'esprit le mot Kodak, mot qui apparemment n'existait dans aucune langue et que George Eastman, le fondateur de la compagnie légendaire, avait inventé en utilisant la lettre K, dont l'occurrence n'est guère plus grande en anglais. Kodak commence et finit par un K. Il comporte donc deux K, tout comme les mots Klondike ou King Kong, et se situe dans le même registre sonore que la lettre Q avec laquelle il partage la même sonorité gutturale.

L comme Langue

C'est durant mes années comme lieutenant-gouverneur que j'ai commencé à écrire en anglais et à parler tous les jours en anglais. Sinon, la plupart de mes journées, comme c'est de nouveau le cas maintenant, se passent en français. L'anglais a cependant constamment fait partie de ma vie, si je puis dire, en ce sens que je regarde la télévision, lis des livres, écoute de la musique, m'intéresse à des créations en arts visuels ou fréquente du théâtre autant en anglais qu'en français. C'est un avantage de vivre à proximité d'une ville frontière comme l'est devenue Moncton ou dans une province ou un pays où nous, francophones, formons le tiers de la population. Par fidélité à la langue de leur création, nous avons choisi de ne pas traduire certains des fragments qui figurent dans ces alphabets. Bernard Lord, qui était premier ministre de la province au début de mon mandat comme lieutenant-gouverneur, m'avait dit que dans tous ses discours il incluait un segment en français même si, parfois, il s'adressait à des groupes unilingues anglophones, et ce, afin de leur rappeler la constitution culturelle de la province. J'avais adopté la même approche, mais je dois dire que j'ai toujours fait lire mes discours en anglais par quelqu'un dont c'était la langue maternelle. Créer un alphabet en anglais constitue une double contrainte, car les mots n'ont pas ici la même résonance ni la même teneur que ce qu'ils sont susceptibles d'évoquer en français.

M COMME MOT

L'écriture d'un alphabet fait appel au pouvoir évocateur des mots car, en définitive, c'est le mot qui génère les idées et les concepts qui seront mis de l'avant dans un tel projet. Il y a des mots plus chargés de sens que d'autres et, par conséquent, plus inspirants dans la création de ces textes fragmentaires, ce qui explique les répétitions. Les mots comme les lettres sont des entités fascinantes, raison pour laquelle je leur ai consacré un livre dans le projet *Autoportrait*. Dépendant du contexte, de leur proximité ou de leur sens, les mots sont susceptibles de produire des dérives. Dans *Existences*, publié aux Écrits des Forges et qui est le premier livre que j'ai fondé sur une contrainte, je me suis appliqué à passer six fois à travers le dictionnaire pour en extraire quarante-huit mots, que j'ai placés chacun sur une page d'un fichier dans mon ordinateur. Lorsque je voulais écrire dans ce livre, je mettais l'un des mots devant moi et je laissais mon esprit dériver jusqu'à ce que se présente le moment opportun d'arrêter cette méditation et de consigner par écrit le texte qui m'était suggéré. Une approche très zen, qui me rappelle un peu la manière dont une grande partie de ces abécédaires ont été produits.

N comme Nombre

Si les lettres et les mots sont une source d'inspiration, je dois dire que les chiffres et le temps constituent aussi pour moi une autre forme d'obsession et de contrainte. Je me suis souvent questionné sur cette préoccupation, qui serait sans doute du même ordre que celle qui préside à l'intérêt que je porte aux lettres. Lors de mes études en arts visuels à Mount Allison, j'ai produit un portfolio de sérigraphies basées sur les chiffres traités de manière minimaliste, en utilisant un nombre restreint de couleurs et au moyen de formes très dépouillées dans l'esthétique de cette tendance artistique. Par la suite, j'avais pensé faire la même chose avec les vingt-six lettres, ce qui aurait nécessité un effort considérable. Le projet est donc resté à l'état d'esquisse. Le français étant une langue « sexuée », j'ai toujours été intrigué par le fait que le mot lettre, comme entité, est du genre féminin tandis que chiffre est masculin. De la même manière, on apprend à compter avant d'apprendre à lire et, en tant que gars, on se vante, quand on est enfant, de pouvoir compter jusqu'à un million. Peut-être y a-t-il là une explication tendancieuse et superficielle de l'agression constante du masculin sur le féminin, non pas uniquement comme genre mais plus largement comme dimension de la vie.

O COMME ORATEUR

« On naît poète et on devient orateur. » Je me suis souvent remémoré ce dicton en écrivant ces textes. Je n'ai pas écrit que des abécédaires dans ma vie. J'ai aussi fait de nombreux discours, qui ont été livrés devant des groupes très diversifiés. Cela me semble coïncider avec une volonté d'accorder de l'importance à l'oralité, qui a longtemps été la forme privilégiée de la culture et de la littérature acadiennes. Pour la plupart des gens, la poésie leur est transmise par l'oral et j'ai souvent participé à ce type de présentation publique. J'ai ensuite travaillé à la radio, à la télévision, au théâtre et au cinéma, activités très dépendantes de leur dimension orale. Même chose pour mon travail de professeur, où la nécessité de discourir constitue une partie intégrante de l'emploi. Toutefois, les discours publics sont souvent synonymes d'ennui et la plupart des gens cherchent à les éviter. Pourquoi tient-on tellement à les faire ? Peut-être parce que chacun est convaincu qu'il ou elle a des choses essentielles à transmettre. Je présume que, là comme ailleurs, tout est dans la manière. Produire des textes courts en déplaçant sans cesse la direction du propos permet, du moins je l'espère, de diversifier et de garder l'intérêt. C'est sans doute le commentaire le plus courant et le plus gratifiant que l'on m'ait adressé après la livraison de l'un ou l'autre de ces abécédaires.

P COMME PLAISIR

Il y a un bonheur certain à compléter une des épreuves que sont pour moi les abécédaires, que je suis venu à considérer comme telles. Entre le plaisir et l'effort, il y a toujours la satisfaction d'avoir triomphé d'une contrainte difficile. Certains efforts peuvent sembler évidents. C'est le cas de la plupart des sports, que plusieurs considèrent pourtant comme assez absurdes. En effet, il y a quelque chose d'insensé à courir toute sa vie après une rondelle en caoutchouc, à se faire payer des salaires fara-mineux pour le faire et à ne pas être pour autant un modèle de vertu. Lorsque nous regardons l'ensemble des activités humaines, nous devons nous rendre à l'évidence que nous menons tous des vies absurdes. Aussi absurdes que de se concentrer sur certains mots en vue de leur donner un sens et une signification accrus. De ce point de vue, faire des abécédaires est sans doute une activité folle, mais d'où vient le plaisir de continuer à les faire et de vouloir atteindre, je présume, une sorte de perfection, en autant qu'il puisse exister un abécédaire absolu. Sans doute qu'il existe, dans la tension entre l'épreuve et le résultat, un plaisir tout aussi valori-sant qu'un beau but à la fin d'un beau jeu, quand tout paraît tellement facile alors qu'il a fallu toute une vie pour y arriver.

Q comme Question

Je me suis souvent demandé si je devais mettre fin aux contraintes comme manière de charpenter mon travail et revenir à la manière dont je procédais autrefois, c'est-à-dire dans une sorte de lyrisme moins précis mais plus près de l'émotion, fondé sur une urgence plus aléatoire que programmée. Si cette phase contraignante correspond à une volonté de produire des œuvres libérées de leurs dimensions politique et polémique, il serait peut-être temps de passer à une étape qui verrait à réconcilier l'écriture et le social, un peu comme un enfant qui a appris à patiner en tenant une chaise et qui va désormais s'élancer seul sur la glace. Il me semble que la littérature acadienne en est à ce stade. Nous avons convaincu tout le monde de notre compétence et il est peut-être temps de passer à une étape où l'on se poserait des questions auxquelles nous sommes les seuls à pouvoir répondre. Pendant longtemps, nous avons fonctionné dans le registre de « Je veux être écrivain ». Avec le temps, certains d'entre nous le sont devenus. Entre le vouloir et le pouvoir, il y a encore bien des questions à régler et, dans un monde qui se fragmente à l'infini, peut-être arriverons-nous à saisir quelques bribes de réponse nous permettant de mieux comprendre pourquoi nous avons consacré notre vie à ce que nous faisons. Je dis *nous* mais en fait je devrais dire *je*. La question individuelle reste entière mais la réponse collective est assurément à suivre.

R comme Rupture

Je suis convaincu que les prothèses que nous avons inventées – et l'ordinateur est l'une de celles-là – laissent dans notre pensée une manière de voir et de fonctionner qui ne peut faire autrement que d'influer sur notre manière de percevoir. En fait, les ordinateurs ne sont qu'une étape d'un mouvement qui a son origine au début du siècle dernier, au moment où tout a commencé sérieusement à accélérer, un élan qui n'a cessé de se prolonger et qui n'est pas à la veille de ralentir malgré les mouvements en faveur d'une telle démarche. Par conséquent, notre vision est embrouillée, parcellaire et fragmentée. Le cubisme, qui a vu le jour au début du vingtième siècle, a tenté de rendre compte de ce phénomène, alors nouveau et sans doute plus évident à ce moment-là, auquel nous avons fini par nous habituer au point de ne plus le remarquer. Nous percevons en éclats – activité traduite dans le discours par le fait d'avoir un *flash* plutôt qu'une idée – et notre pensée est devenue de plus en plus discontinue. Ces ruptures me sont toujours apparues comme des indices de la modernité. Des médiums d'information tels que la radio, le cinéma, la télévision ou Internet nous ont habitués à des ruptures de plus en plus nombreuses et omniprésentes. Notre manière de communiquer ne peut faire autrement qu'être influencée par ces changements, d'où l'idée de recomposer le réel, un peu comme un puzzle, à partir de divers fragments résultant de divers points de vue. Faire des abécédaires s'inscrit sans doute dans ce mouvement, un peu comme suivre le courant plutôt qu'aller à contre-courant.

S comme Surprise

Je n'exclus pas que ces abécédaires se soient un peu réalisés dans une volonté d'accomplir un exploit proche de la séduction, au sens où il s'en dégage toujours un étonnement d'abord ressenti au niveau de la forme mais aussi, et encore plus, dans le jeu avec la forme, dans le traitement de cette contrainte. Sans doute que la performance y est aussi pour beaucoup. L'élément ludique a quelque chose de déconcertant mais, une fois dépassé le stade de l'étrangeté, on se laisse porter par le regard et l'inventivité du conférencier. L'autre jour, j'assistais à une réception en l'honneur du consul de France, Vincent Hommeril, qui quittait Moncton pour un autre poste. Comme discours de départ, il avait choisi de livrer un abécédaire sur son séjour en Acadie et j'ai été à même d'expérimenter l'élément de surprise qui accompagne pareil exercice, l'idée étant de déjouer l'auditeur qui va sans doute s'amuser, comme ce fut le cas pour moi ce soir-là, à deviner quels mots allaient alimenter la suite du discours. Je me suis trompé sur toute la ligne, ce qui démontre bien la volonté de fuir les lieux communs pour aller vers l'imprévu, vers ce qui surprend, qui étonne, ce qui fascine, ce qui séduit.

T comme Titre

Les mots d'un abécédaire agissent comme des titres, des entêtes de chapitre, des interstices qui inspirent et donnent aux divers fragments leur indépendance et leur pertinence. C'est d'ailleurs à ce niveau-là que se concentre une grande partie de ma recherche et je ne sais pas combien de fois j'ai lu les mots d'une ou de l'autre des lettres du dictionnaire, dans l'espoir de trouver le mot adéquat lorsque l'inspiration me faisait défaut. D'habitude, cette lecture ne donne pas grand-chose, mais elle constitue une sorte de rituel, une volonté de découvrir de nouveaux concepts. Il semble que les mots servant de titre se présentent souvent d'emblée comme allant de soi ou bien apparaissent ainsi à la suite d'une réflexion un tant soit peu pertinente. Par ailleurs, depuis 1986, je me suis donné comme objectif de ne donner que des titres d'un seul mot à mes recueils de poésie, même si la tentation est parfois grande de choisir des titres plus prosaïques, plus lyriques et assurément plus longs. L'abécédaire est une confirmation de cette manœuvre : le mot devient ici un élément réducteur permettant des réflexions et des dérives autres que celles du dictionnaire, dont les éléments répondent beaucoup plus à une volonté de définition.

U COMME UNIFORME

Dans les disciplines auxquelles j'ai contribué, je me suis toujours appliqué à ce que les éléments que j'y apporte soient variés et discordants. On pourrait dire que je suis contre le style, la signature ou l'uniformité. Je ne sais pas d'où me vient cette propension, mais cela ne m'a sûrement pas aidé car tous ceux qui ont pensé en termes de carrière savent très bien qu'en art comme ailleurs, il s'agit de développer un produit identifiable, un « branding » qui en garantit la qualité et l'authenticité. C'est sans doute l'une des raisons qui fonde mon admiration pour Roland Barthes, dont les sujets et les formes varient considérablement d'une œuvre à l'autre. Le recours au fragment, à la fin de sa vie, laissait présager, selon certains observateurs, l'abandon de la réflexion critique au profit de la fiction, du roman. Avec le temps, j'en suis arrivé à la conclusion que j'éprouve de la difficulté à développer une idée et je me demande si cette volonté de faire rupture n'a pas déteint sur ma manière d'écrire, au point où j'arrive difficilement à tirer des conclusions conséquentes de mon propre travail, une uniformité perceptible à la fois au théâtre, en arts visuels, au cinéma et en littérature. Il paraît qu'on ne peut échapper à soi-même – après tout, on fonctionne toujours à l'intérieur de la même vie et du même corps –, et c'est pourquoi, malgré mes efforts continuels pour y échapper, il paraît qu'il y a assez de traits distinctifs dans mon travail artistique pour me reconnaître. Hélas !

V comme Voix

Le philosophe Jacques Derrida est d'avis que la voix ajoute une couche de sens et d'émotion à l'écriture et donne de ce fait des informations supplémentaires et inestimables. De tous les éléments qui nous identifient, la voix est sans doute l'une des plus émouvantes et des plus reconnaissables. Mais la voix fait partie de ces éléments qu'on ne peut décrire ou définir, semblable à la couleur ou au mouvement, eux aussi liés à la présence. Sans doute que ma voix ajoute une dimension que votre lecture ne saurait combler. J'ai une grande admiration pour ces gens qui peuvent prendre la parole et discourir sans préparation autre que leur vécu, qui fonctionnent à partir de la voix seulement. En ce qui me concerne, la voix s'appuie toujours sur l'écriture, qui m'offre un point d'ancrage et me donne une confiance accrue, ce qui fait que j'ai toujours aimé livrer ces abécédaires en public. On m'a souvent parlé de leur effet à la fois étonnant et divertissant, ce qui rejoint assurément l'idée qui sous-tend cette entreprise. L'écriture comme système d'enregistrement a longtemps précédé l'enregistrement sonore. Il serait intéressant d'entendre la voix de personnages historiques, avantage dont nous pouvons désormais bénéficier, et qui permettra d'ajouter aux écrits cette dimension dont parlait Derrida, témoignage qui nous survivra pour le meilleur et pour le pire.

W comme Wagon

L'utilisation, la juxtaposition de différents fragments me fait souvent penser à un train en mouvement, en ce sens que j'ai souvent entrepris des réflexions que j'ai ensuite déplacées sous d'autres lettres où je sentais qu'elles arrivaient mieux à s'intégrer. Le fait de travailler avec des éléments déplaçables pour produire des combinaisons de sens est aussi lié au cinéma, un art qui m'a beaucoup intéressé par le passé. Les séquences sont un peu comme des chapitres et on peut, elles aussi, les déplacer en fonction de l'efficacité que l'on veut donner à l'ensemble. Car les alphabets constituent des ensembles tout en étant le produit d'éléments indépendants. C'est ce double jeu, cette tension entre l'ensemble et le détail, qui doit sans doute créer ce chassé-croisé amusant et sérieux à la fois.

X comme Xérographie

La xérographie vient de Xerox, entreprise qui a marqué l'industrie du photocopieur au point de laisser son nom à cette opération de reproduction. Il s'agit d'une activité moderne certes, et qui, au temps de la prénumérisation, constituait la technique de prédilection pour reproduire, avec plus ou moins de fidélité, des documents de toute nature, augmentant la présence du papier et mettant en péril la forêt comme poumon de la Terre. De nos jours, la conservation de la mémoire s'est faite plus légère, devenant de plus en plus médiatisée pour y inclure non seulement l'image ou le texte, mais aussi d'autres éléments dans des appareils portatifs qui se miniaturisent à vue d'œil. Nous transportons désormais notre monde dans de petits engins qui devaient faire disparaître le papier. Mais nous avons toujours des corps encombrants et beaucoup trop résistants pour s'abandonner à ces seuls engins, d'où l'idée de faire des livres, de garder des mémoires de papier. Je suis très honoré de participer à cette opération, qui consiste à garder des copies plus durables de ce qui aurait pu se perdre si facilement dans la voix. J'en remercie mon éditrice et ceux qui ont rendu ce livre possible.

Y comme Y

On identifie habituellement comme génération Y les personnes nées entre le début des années quatre-vingt et le milieu des années quatre-vingt-dix. On dit aussi qu'il pourrait désigner le *Y* qui se dessine entre leur téléphone et les écouteurs sur leurs oreilles, ou encore que ce pourrait être la suite logique des *X* qui, eux, ont succédé aux boomers, ou encore que ce pourrait être une abréviation de « why », pourquoi ?, prononcé en anglais comme la lettre, créant ainsi une sorte de flottement entre le mot et la lettre. Quoi qu'il en soit, cette lettre signale plusieurs avenues possibles, indiquant un bris de génération à mesure que se développe un individualisme en contradiction avec le discours qui prend son sens dans le rassemblement. Il devient de plus en plus difficile de se réunir pour entendre les gens, ou même pour se parler de vive voix. De plus en plus, le monde se médiatise et l'expérience que nous en retirons provient de ces petits engins que nous transportons avec nous et qui le virtualisent chaque jour un peu plus. Faire des alphabets a peut-être été pour moi une manière de me positionner à la frontière de cette mutation entre les générations, moi qui suis un boomer repentant, génération qui, dans le ballet du temps qui passe, a été à la fois admirée et honnie pour avoir voulu fuir le progrès afin de se complaire dans une célébration du corps et de la nature.

Z COMME ZORRO

Zorro, un personnage créé en 1919, a marqué mon enfance. Mon frère, qui « montrait les vues » (présentait les films) à la salle paroissiale de Saint-Simon, avait décidé de faire venir *Le fantôme de Zorro*, dont chaque épisode nous a tenu en haleine de semaine en semaine. Nous étions particulièrement impressionnés par ces *Z* que Zorro dessinait avec son épée sur différentes surfaces. Tout y était, de l'héroïne attachée à la voie ferrée à la réserve de dynamite dont on voyait la mèche allumée raccourcir dangereusement pendant que Zorro fonçait sur son cheval pour sauver la situation, nous laissant consternés de suspense jusqu'à la semaine suivante. Ces séquences naïves ont constitué mon initiation cinématographique et ont fait en sorte que cette forme d'art devienne pour moi une référence qui n'a fait que s'amplifier. Le fait que j'aie de plus en plus de difficulté (ou de moins en moins d'intérêt) à développer une pensée ou un propos, et que j'opte plus souvent qu'autrement pour son résumé ou l'essentiel – ce qui est un peu le propre et l'inspiration de ces abécédaires – provient sans doute de ces segments narratifs, de ces ruptures successives qui, de leur positionnement à divers angles, articulaient un propos qui aura influencé mon discours de manière déterminante, depuis ces *Z* que Zorro traçait pour laisser sa marque, sa signature de héros masqué.

Table des matières